JAZYK(
ANG

BONUS

NAKLADATELSTVI

Vydalo nakladatelství
JAN VAŠUT
Vítkova 10, 186 21 Praha 8
tel.: 02 / 231 93 18–19
fax: 02 / 2481 1059
e-mail: vasut@mbox.vol.cz
internet: www.trilog.cz / vasut
v roce 2000
České vydání první
Text © JAN VAŠUT – nakladatelství, 2000
Translation © Mgr. Jan Dvořák, 2000
Ilustrace © Petr Herold, 2000
Foto na obálce © Allphoto fotobanka, 2000
Czech edition © by JAN VAŠUT, 2000
ISBN 80–7236–129–5
Tisk: Tiskárny Havlíčkův Brod, a. s., Husova 1881,
580 01 Havlíčkův Brod, v roce 2000.

Doporučená maloobchodní cena včetně DPH 89,– Kč.

OBSAH

PŘEDMLUVA

Jazykový průvodce, jejž máte právě před sebou, byl od samého počátku koncipován tak, aby tomu, kdo chce jeho služeb využít, byl skutečným pomocníkem. Není to učebnice cizího jazyka, ani mluvnice, ani to není teoretická příručka. Naše kniha je spíš určena těm, kdo mají snahu v cizím jazykovém prostředí použít fráze cizího jazyka. Již v úvodu se musíme omluvit, že k přepisu slov, vět či hesel jsme místo zaběhlého úzu zvaného fonetická transkripce zavedli přepis jednodušší, takový, který by se dal lidově nazvat „piš jak slyš". Vedly nás k tomu dva důvody. Prvním z nich je fakt, že od cizího jazyka mnohé odradí už to, že je jeho výslovnost přepisována jakýmisi klikyháky, a druhým skutečnost, že při snaze o rychlé použití jakékoliv fráze tímto způsobem přepsané ztratí uživatel mnoho času jen hledáním či učením, co takové, jemu neznámé, znaky znamenají. Náš způsob přepisu „piš jak slyš" sice může lingvistům či zarytým zastáncům zaběhlých norem připadat přinejmenším kacířský, ale my jsme chtěli vyjít vstříc hlavně uživateli.

Jak hledat v průvodci

Základní fráze našeho průvodce jsou koncipovány tak, že jsou řazeny do jednotlivých tematických okruhů. Ty vychází přímo z reality samotného cestování, a tak příručka, jak už sám název napovídá, může být okamžitě k dispozici. Fráze v tematických okruzích abecedně řazeny nejsou, orientace mezi nimi není nesnadná, v případě širší slovní zásoby je okruh vždy následován vloženým slovníčkem. Součástí příručky je i regulérní slovníček, zařazený na konci knihy. Ten obsahuje obecnou slovní zásobu, a to jak v provedení čeština – angličtina, tak i naopak.

Krátce o angličtině

Angličtina je analytický typ jazyka, to znamená, že na rozdíl od češtiny nezná skloňování, jednotlivé pády vyjadřuje předložkami a osobními zájmeny. Celkový ráz jazyka je opět odlišný od nám známé češtiny. Pořádek slov v angličtině je totiž pevně daný. Základem věty je sloveso, před ním stojící podstatné jméno je vždy podmět a za slovesem stojící podstatné jméno je předmět. Anglická věta tedy vždy musí začínat podmětem, jemuž v otázkách předchází pomocné sloveso. Časování sloves je velice jednoduché, protože slovesné tvary existují ve všech osobách pouze dva. Bez koncovky (ve všech osobách obou čísel) a s koncovkou -s ve třetí osobě jednotného čísla. Anglické sloveso (pravidelné) má ještě další příponu -ed, a to v případě vyjádření minulého času. Jeho tvoření je tedy stejné jako tvoření času přítomného, je však třeba věnovat pozornost velkému množství nepravidelných sloves, u nichž se tvar pro minulost netvoří příponou -ed, ale zvláštním slovesným tvarem. Další zvláštností anglického systému slovesných časů je předpřítomný čas, který čeština nezná. Jeho použití je v angličtině velice široké, nicméně jeho tvoření je jednoduché, pomocnými slovesy. Tvary množného čísla podstatných jmen jsou zakončeny koncovkou -s.

„Britská" a americká angličtina

Rozdíly mezi oběma úzy (angličtina je pouze jedna) se nejvíce projevují v oblasti slovní zásoby a výslovnosti. V rámci použití naší příručky považujeme v této oblasti za standardní výraz „britský" a jako alternativu k němu výraz americké angličtiny. Je to jednak proto, že i přes podobnost obou užití angličtiny leckdy dochází k nedorozumění, a jednak proto, že mnohdy výraz americké angličtiny vzhledem k počtu mluvčích britský vytlačuje. V takových případech je slovo označeno AmE. Druhou odchylku obou jazykových úzů – odlišnost výslovnosti – naše příručka nezaznamenává, protože rozdíly nejsou tak znatelné a uživateli příručky by ve výslovnosti nepomohly.

ZÁKLADY MLUVNICE

1. Podstatná jména

Angličtina nemá na rozdíl od češtiny (a také od němčiny) gramatický rod vyjádřený členem. Rod podstatného jména se zpravidla dá poznat podle zájmena. Množné číslo se tvoří přidáním -s ke tvaru podstatného jména v čísle jednotném, není li zakončeno na -s, -ss, -sh, -x a -ch. V takových případech se množné číslo tvoří přidáním -es a to se týká i podstatných jmen zakončených na -o. Podstatná jména zakončená na -y mění v množném čísle -y v -i a také se k nim přidává -es. Existují také mnohá podstatná jména s nepravidelnostmi v tvoření množného čísla, stejně tak jako mnohá podstatná jména formu množného čísla ani nemají.

2. Člen

Nezbytnou součástí anglického podstatného jména je člen. Ten v angličtině existuje dvojí, a to určitý the a neurčitý a kladený většinou těsně před podstatné jméno. Určitost a neurčitost podstatného jména a následné užití určitého nebo neurčitého členu závisí na logických souvislostech použití, a není proto možné určit jednoduchá pravidla jejich užití. Obecně však platí, že the před podstatným jménem poukazuje na konkrétní osobu, věc či substanci (the tree – ten konkrétní strom), zatímco neurčitý člen a je ukazatelem obecnosti (a tree – jakýkoliv strom). Neurčitý člen má v případě, že jméno za ním stojící začíná samohláskou, ještě formu an

3. Přídavná jména

Přídavné jméno stojí v pozici přívlastku, stejně jako v češtině, zpravidla před jménem podstatným. Stejně jako v češtině se přídavná jména dají stupňovat, a to tak, že druhý a třetí stupeň jednoslabičných a většiny dvouslabičných se tvoří přidáním přípony *-er* a *-est* (small–smaller–smallest, malý–menší–nejmenší). Víceslabičná přídavná jména tvoří druhý a třetí stupeň opisným *more* a *most* postaveným před základní tvar přídavného jména. I ve stupňování samozřejmě existují výjimky.

4. Slovesa

Základní rozdělení anglických sloves je do tří kategorií, z nichž nejpočetnější skupinou jsou slovesa plnovýznamová (naprostá většina všech sloves). Časování takových sloves je jednoduché, protože všechny osoby mají kromě třetí osoby jednotného čísla, zakončené na *-s*, stejný, to znamená základní tvar. Druhou největší skupinou anglických sloves jsou slovesa způsobová (např. *can–moci*, *may–smět*, *must–muset*), která mají ve všech osobách stejný tvar. Zvláštní skupinou anglických sloves jsou slovesa pomocná (*to be–být*, *to have–mít*), díky nimž se, kromě jejich funkce stát ve větě jako sloveso plnovýznamové, vytvářejí slovesné časy. Angličtina má kromě z češtiny známých slovesných časů minulého, přítomného a budoucího také specifické dva slovesné časy předminulý a předpřítomný. Anglická slovesa se také dělí na pravidelná a nepravidelná. Zatímco u pravidelných se tvar minulého času tvoří prostým přidáním *-ed* k základnímu tvaru slovesa, tvoření (vcelku početné skupiny) slovesných časů takzvaných sloves nepravidelných je třeba se naučit nazpaměť. Stejně jako v češtině má i anglické sloveso schopnost vytváření dalších slovesných kategorií, tvarů i významových odstínů, jejichž tvoření je vcelku logické a pochopitelné, ale již není obsahem naší příručky.

VÝSLOVNOST

I když může mít výslovnost angličtiny pro českého mluvčího mnoho úskalí, snažili jsme se v této příručce, jak již řečeno v úvodu, o její maximální zjednodušení tak, aby nečinila problémy mluvčímu a aby zároveň byla srozumitelná i příjemci, tj. rodilému mluvčímu. Takový postup se rozhodně neobešel bez kompromisů, vždyť artikulační rozdíl může být leckdy nositelem významu a mnohdy může být příčinou nedorozumění či dokonce omylů. I tak se v přepisu výslovnosti například neobjevuje obouretné *v*, třené hlásky θ a ð či nosové *n*. Takové problematické hlásky byly proto v přepisu nahrazeny co nejbližší v češtině známou alternativou, a to i na úkor komunikační či významové nejasnosti (anglické *think (myslet)* je tedy přepsáno jako *tink* bez ohledu na odlišnou výslovnost hlásky původní a zároveň s ohledem na nebezpečí zaměnitelnosti s podobně vyslovovaným slovesem *sink (potápět)*. Stejně tak jsme upustili od značení přízvuku, který je sice v angličtině také významotvorný (*record–record*), ale pro účely této příručky zanedbatelný.

ZÁKLADNÍ SLOVA A FRÁZE

ZÁKLADNÍ FRÁZE

Ano	Yes *Jes*
Ne	No *Nou*
Prosím	Please *Plíz*
Děkuji	Thank you *Tank jú*
To je v pořádku.	It is alright. *It iz órajt.*
Promiňte, prosím... (při oslovení)	Excuse me... *Ikskjús mí...*
Promiňte... (při omluvě)	I beg your pardon *Aj bek jó párdon*
Dobrý den / Ahoj	Hello, Hi *Helou, háj*
Dobré ráno	Good morning *Gut mórnink*
Dobrý večer	Good evening *Gut ívnink*
Dobrou noc	Good night *Gut najt*
Dobré odpoledne	Good afternoon *Gut áftrnún*
Jak se máte?	How are you? *Hau ár jú?*
Mám se dobře, děkuji.	I am fine, thank you. *Aj em fajn, tenk jú.*

A vy?
And what about you?
End wat ebaut jú?

Příjemnou zábavu
Enjoy yourself
Indžoj jórself

Hodně štěstí
Good luck
Gut lak

Nashledanou
Good bye
Gut báj

Dorozumívací fráze

Mluvíte anglicky?
Do you speak English?
Du ju spík ingliš?

Mluvím jen česky.
I only speak Czech.
Aj ounli spík ček.

Začínám se učit anglicky.
I have just started to learn English.
Aj hef džast státyd tu lérn ingliš.

Rozumíte mi?
Do you understand me?
Du ju andrstént mí?

Rozumím vám.
I understand.
Aj andrstént.

Rozumím vám téměř všechno.
I understand almost everything.
Aj andrstént ólmoust evritink.

Fráze při nedorozumění

Promiňte, nerozumím.
I am sorry, I do not understand.
Aj em sory, aj du not andrstént.

Mluvte, prosím, pomaleji.
Could you speak slowly, please?
Kud ju spík slouly, plíz?

Ještě jednou, prosím.
Once again, please.
Uanc egen, plíz.

Můžete to vyhláskovat?
Could you spell it, please?
Kud ju spel it, plíz?

Můžete to zopakovat?
Could you repeat it?
Kud ju ripít it, plíz?

Jak je to německy / anglicky?
What is it in German / English?
Vot iz it in džérmn / ingliš?

Co znamená tohle?
What does this mean?
Vot das dis mín?

Okamžik, prosím.
One second please.
Van seknd plíz.
Moment, please.
Moument, plíz.

Mohl byste mi to napsat?
Could you write it down for me?
Kud ju rajt it daun fór mí?

ZÁKLADNÍ OTÁZKY

Kde

Kde je...?	Where is...?
	Vér iz...?
Kde to je?	Where is it?
	Vér iz it?
Odkud jste?	Where are you from?
	Vér ár ju from?
Kde se to dá sehnat?	Where can I get it?
	Vér ken aj get it?
Kde najdu...?	Where can I find...?
	Vér ken aj fajnt...?
Kde bydlíte?	Where do you live?
	Vér du ju liv?
Kde pracujete?	Where do you work?
	Vér du ju vérk?

Kam

Kam to vede?	Where does it go to?
	Vér das it gou tu?
Kam mám jít?	Where should I go?
	Vér šud aj gou?
Kam jdete?	Where are you going?
	Vér ár ju gouink?

Kdy

Kdy odcházíte?	When are you leaving?
	Ven ár ju lívin?

Kdy se zavírá?	When does it close? *Ven das it klouz?*
Kdy jste přijel?	When did you arrive? *Ven did ju erajv*
Kdy to odjíždí / odlétá?	When does it leave? *Ven das it lív?*

Kdo

Kdo je to?	Who is it? *Hú iz it?*
Kdo mě volá?	Who is calling me? *Hú iz kólink mí?*
Kdo mě hledá?	Who is looking for me? *Hú iz lukink fór mí?*
Kdo to byl?	Who was it? *Hú voz it?*
Koho hledáte?	Who are you looking for? *Hú ár ju lukink fór?*
Na koho čekáte?	Who are you waiting for? *Hú ár ju vejtink fór?*

Co

Co to je?	What is it? *Vot iz it?*
<u>**Co si přejete?**</u>	What would you like? *Vot vud ju lajk?*
Co to bylo?	What was it? *Vot vos it?*
<u>**Co hledáte?**</u>	What are you looking for? *Vot ár ju lukink fór*

Co chcete?
What do you want?
Vot du ju vont?

Co se vám stalo?
What happened to you?
Vot hepnd tu jú?

Co to znamená?
What does it mean?
Vot das it mín?

Kolik

Kolik to stojí?
How much does it cost?
Hau mač das it kost?

Kolik je vám let?
How old are you?
Hau ould ár jú?

Kolik je hodin?
What time is it?
Vot tajm iz it?

Jak

Jak se máte?
How are you?
Hau ár jú?

Jak je to daleko?
How far is it?
Hau fár iz it?

Jak (to trvá) dlouho?
How long does it take?
Hau long das it tejk?

Jak to najdu?
How can I find it?
Hau ken aj fajnd it?

Jak to udělám?
How can I do it?
Hau ken aj dú it?

Jak se jmenujete?
What is your name?
Vot iz jór nejm?

Základní data k vyplnění dotazníku

Příjmení	Surname *Sérnejm*
Křestní jméno	First name *Férst nejm*
Číslo pasu	Passport number *Pásport nambr*
Národnost	Nationality *Nešnelity*
Pohlaví	Sex *Sex*
Datum narození	Date of birth *Dejt of bért*
Místo narození	Place of birth *Plejs of bért*
Zaměstnání	Job title *Džob tajtl*
Stav	Marital status *Meritl stejtus*
Adresa (ulice)	Address *Edres*
Město	City *Sity*
Stát	Country *Kauntry*
Směrovací číslo	Zip code *Zip koud*

ČÍSLOVKY

(za lomítkem řadová číslovka)

0 nula / nultý
Zero
Zirou

1 jedna / první
One / first
Uan / férst

2 dva (dvě) / druhý
Two / second
Tú / seknd

3 tři / třetí
Three / third
Trí / térd

4 čtyři / čtvrtý
Four / fourth
Fór / fórt

5 pět / pátý
Five / fifth
Fájf / fift

6 šest / šestý
Six / sixth
Six / sixt

7 sedm / sedmý
Seven / seventh
Sevn / sevnt

8 osm / osmý
Eight / eighth
Ejt / ejgt

9 devět / devátý
Nine / nineth
Nájn / nint

10 deset / desátý
Ten / tenth
Ten / tent

11 jedenáct / jedenáctý
Eleven / eleventh
Ilevn

12 dvanáct / dvanáctý
Twelve / twelfth
Tvelv / tvelvt

13 třináct / třináctý
Thirteen / th
Tértýn / Tértýnt

14 čtrnáct / čtrnáctý	Fourteen / th *Fórtýn*
15 patnáct / patnáctý	Fifteen / th *Fiftýn*
16 šestnáct / šestnáctý	Sixteen / th *Sixtýn*
17 sedmnáct / sedmnáctý	Seventeen / th *Sevntýn*
18 osmnáct / osmnáctý	Eighteen / th *Ejtýn*
19 devatenáct / devatenáctý	Nineteen / th *Najntýn*
20 dvacet / dvacátý	Twenty / twentieth *Tventy / Tventyet*
21 dvacet jedna / dvacátý první	Twenty-one / twenty-first *Tventy uan*
22 dvacet dva / dvacátý druhý	Twenty-two / twenty-second *Tventy tú*
30 třicet / třicátý	Thirty / thirtieth *Térty*
31 třicet jedna / třicátý první	Thirty-one / thirty-first *Térty uan*
32 třicet dva / třicátý druhý	Thirty-two / thirty-second *Térty tú*
40 čtyřicet / čtyřicátý	Forty / fortieth *Fórty*
50 padesát / padesátý	Fifty / fiftieth *Fifty*
60 šedesát / šedesátý	Sixty / sixtieth *Sixty*
70 sedmdesát / sedmdesátý	Seventy / seventieth *Sevnty*

80 osmdesát / osmdesátý	Eighty / eightieth	*Ejty*
90 devadesát / devadesátý	Ninety / ninetieth	*Najnty*
100 sto / stý	Hundred / hundredth	*Handrt*
101 sto jedna / stý první	Hundred and one	*Handrt end uan*
102 sto dva / stý druhý	Hundred and two	*Handrt end tú*
110 stodeset / stý desátý	Hundred and ten	*Handrt end ten*
120 sto dvacet / stodvacátý	Hundred and twenty	*Handrt end tventy*
200 dvě stě / dvoustý	Two hundred	*Tú handrt*
300 tři sta / třístý	Three hundred	*Trí handrt*
400 čtyři sta / čtyřstý	Four hundred	*Fór handrt*
500 pět set / pětistý	Five hundred	*Fájv handrt*
600 šest set / šestistý	Six hundred	*Six handrt*
700 sedm set / sedmistý	Seven hundred	*Sevn handrt*
800 osm set / osmistý	Eight hundred	*Ejt handrt*
900 devět set / devítistý	Nine hundred	*Nájn nandrt*
1000 tisíc / tisící	Thousand	*Tausnt*

3.25	Three point two five *Trí point tventy fájf*
0.11	Zero point eleven *Zirou point ilevn*
1/2	One half *Uan háf*
1/3	One third *Uan dért*
1/4	One fourth (a quater) *Uan fórt (e kvótr)*
1999	Nineteen ninety-nine *Najntýn najnty nájn*
2000	Two thousand *Tú tausnt*

ČAS

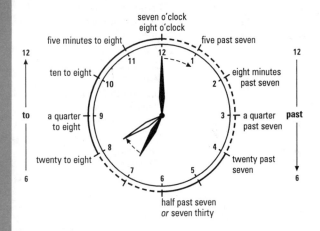

Kolik je hodin

Kolik je hodin?	What time is it? *Vot tajm iz it?*
Je přesně dvanáct hodin.	It's 12 o´clock on the dot. *Itz tvelv o klok on d dot.*
Ještě nejsou dvě hodiny.	It's almost 2 o´clock. *Itz ólmoust tú o klok.*
Je právě poledne.	It is noon. *It iz nún.*
Je šest hodin pryč.	It was just 6 o'clock. *It voz džast six o klok.*
Je čtvrt na sedm.	It is a quarter past six. *It iz e kvótr pást six.*

Je půl osmé.	It is half past seven.
	It iz haf pást sevn.
Je tři čtvrti na devět.	It is a quarter to nine.
	It iz e kvótr tu nájn.
Je za deset minut osm.	It is ten to eight.
	It iz ten tu ejt.
Je půlnoc.	It is midnight.
	It iz midnajt.

Dny v týdnu

Pondělí	Monday
	Mandy
Úterý	Tuesday
	Tjúsdy
Středa	Wednedsday
	Wendsdy
Čtvrtek	Thursday
	Thérsdy
Pátek	Friday
	Frajdy
Sobota	Saturday
	Satrdy
Neděle	Sunday
	Sandy

Měsíce

Leden	January *Dženuery*
Únor	February *Februery*
Březen	March *Máč*
Duben	April *Ejpril*
Květen	May *Mej*
Červen	June *Džún*
Červenec	July *Džuláj*
Srpen	August *Ógust*
Září	September *Septembr*
Říjen	October *Oktoubr*
Listopad	November *Novembr*
Prosinec	December *Dysembr*

NEJDŮLEŽITĚJŠÍ NÁPISY

Entrance / Exit *Entréns / ixit*	**Vchod / východ**
Information *informejšn*	**Informace**
Telephone *telifoun*	**Telefon**
Caution *kóšn*	**Pozor!**
Pull / Push *pul / puš*	**Táhnout / tlačit**
Tickets *tykits*	**Jízdenky**
Closed / Open *klouzd / oupn*	**Zavřeno / otevřeno**
Platform *platfóm*	**Nástupiště**
Floor *flór*	**Podlaží**
Come in *kam in*	**Vstupte**
No entry *nou entri*	**Vstup zakázán**
Do not touch *du not tač*	**Nedotýkejte se!**
Do not disturb *du not distérb*	**Prosím, nerušit**
First aid *férst eid*	**První pomoc**

Staircase, Stairway (am.) **Schodiště**
stérkejs, stérvej

Lift, elevator (am.) **Výtah**
lift, elevejtr

Opening hours **Otvírací doba**
oupenink aurs

Automatic cash dispenser **Bankomat**
otomatik keš dispenzr

Change office **Směnárna**
čejnč ofis

Tickets **Pokladna (vstupenky,**
tykits **lístky)**

Arrival / Departure **Příjezd / odjezd (přílet /**
erajvl / dipáčr **odlet)**

Left-luggage office, Baggage **Úschovna zavazadel**
room (am.)
left lagič ofis, begič rúm

Subway, Underpass (am.) **Podchod**
sabvej, andrpés

Entrance fee **Vstupné**
entrens fí

Card holders **Držitelé karet**
kárd houldrs

Delay **Zpoždění**
dylej

Duty **Clo**
djúty

Do not park **Neparkujte**
du not párk

Vacant / Occupied **Volno / obsazeno**
vejkent / okjupájd

Do not lean out of windows *du not lín aut of vindous*	**Nenahýbejte se z oken**
Do not lean against door *du not lín ageinst dór*	**Neopírejte se o dveře**
Employees only *imploís ounly*	**Vstup pouze pro zaměstnance**
No smoking *nou smoukink*	**Zákaz kouření**
No swimming *nou svimink*	**Zákaz koupání**
Adults only *edálts ounly*	**Dětem vstup zakázán**
Swimming at own risk *svimink at áun risk*	**Koupání na vlastní nebezpečí**
Toilets for disabled *toilets fór dizejbld*	**Toalety pro invalidy**

VÝMĚNA PENĚZ

Kde je banka / směnárna?	Where is a bank / change office?
	Vér iz d benk / čejnč ofis?
Kde si mohu vyměnit peníze?	Where can I change money?
	Vér ken aj čejnč many?
Rád bych vyměnil nějaké cestovní šeky.	I would like to change some traveler's cheques.
	Aj vud lajk tu čejnč sam trevelrs čeks.
Jak velký je zde poplatek?	How much is the fee?
	Hau mač iz d fí?
Jaký je kurs?	What is the present rate?
	Vot iz d prezent rejt?
Mohl byste mi dát drobné?	Could you give me change?
	Kud ju giv mí čejnč?
Mohu platit pomocí karty?	Can I use the card?
	Ken aj jús d kárd?
Automat mi nevrátil kartu.	The cash dispenser did not return my card.
	D keš dispenzr did not ritérn maj kárd.
Kde je pokladna?	Where is the cash desk?
	Vér iz d keš desk?
Kde je nejbližší peněžní automat?	Where is the nearest ATM machine?
	Vér iz d nýrist ej tý em mašín?
Dáte mi potvrzení?	Could you give me a receipt please?
	Kud ju giv mí e risít plíz?

UBYTOVÁNÍ

Ubytování v hotelu

Máte seznam hotelů?
Do you have a list of hotels
Du ju hef e list of hotels?

Kde je hotel...? (jméno)
Where is hotel...? (name)
Vér iz hotel...? (nejm)

Kde je recepce?
Where is the reception?
Vér iz d risepšn?

Máte volný jednolůžkový / dvoulůžkový pokoj?
Do you have a vacant single / double room?
Du ju hef vejknt singl / dabl rúm?

Mohl byste mi rezervovat pokoj?
Could you reserve a room for me please?
Kud ju rizérv e rúm fór mí plíz?

Kolik stojí jedna noc?
How much is one night?
Hau mač iz uan najt?

Má pokoj koupelnu?
Does it have a bathroom?
Das it hef e bátrúm?

Je cena pokoje včetně snídaně?
Does the price include breakfast?
Das d prajs inklúd brekfest?

Nemáte něco levnějšího?
Do you have anything cheaper?
Du ju hev enytink čípr?

Mohu / můžeme pokoj vidět?
Could I / we see the room?
Ken aj / ví sí d rúm?

Rádi bychom pokoj s dětskou přistýlkou.
We would like a room with a child´s cot (bed).
Ví vud lajk e rúm vit čajlds kot.

Tenhle pokoj si vezmu / vezmeme.
I / we will take this room.
Aj / ví vil tejk dis rúm.

Tenhle pokoj nechci / nechceme.
I / we do not want this room.
Aj / ví du not vont dis rúm.

<u>**Je tu moc hlučno.**</u>
It is too noisy here.
It iz tú noizi hír.

Jsou odtud daleko památky?
How far are the sights?
Hau fár ár d sajts?

Mohu / můžeme někde zaparkovat auto?
Can I / we park somewhere around here?
Ken aj / ví párk samvér eraund hír?

Je zde úschovna kol / lyží?
Can we store our bicycles or skis here?
Ken ví stó aur bajsykls ó skís hír?
Is a bicycle / ski room here?
Iz e bajsykl / ski rúm hír?

Je možno si někde uvařit?
Is it possible to cook here?
Iz it posible tu kúk hír?

Máme nechat klíče v recepci?
Should we leave the keys at the reception desk?
Šud ví lív d kýs et d risepšn desk?

Kdy máme zaplatit?
When should I / we pay?
Ven šud aj / ví pej?

Je zde někde úschovna zavazadel?
Is a left-luggage room here?
Is e left lagič rúm hír?

Zůstaneme... dní (počet dní).	I / v... (nu... *Aj / ví v...* od dejs...
Dnes / zítra odjíždíme.	We are leav... tomorrow. *Ví ár lívink tudej...*
V kolik hodin máme uvolnit pokoj?	By what time do l... to check out? *Baj vot tajm dú aj / ví...* ček aut?
Mohl(a) byste nechat přinést naše zavazadla?	Will you have my luggage brought here please? *Vil ju hev maj lagič brót hír plíz?*
Mohli bychom si zavazadla nechat v recepci?	May I / we leave my / our luggage at the reception desk? *Mej aj / ví lív maj / aur lagič et d risepšn desk?*
Mohl(a) byste zavolat taxi?	Could you arrange for a taxi? *Kud ju erejnč fór e taxi?* Could you call a taxi please? *Kud jú kól e taxi plíz?*

Problémy v hotelu

Nemohu otevřít pokoj.	I cannot open the door. *Aj kenot oupn d dó.*
Pokoj není uklizený.	The room is not clean. *D rúm iz not klí.*

...we will stay ... days
...mber of days).
...ij stej... dejs (nembr
...ing today /
... / tumorou.
...we have
...ef tu

UBYTOVÁNÍ

... outlet / light / heating is
  t working.
*...let / lajt / hítink iz not
  ...ink.*

... connot open the
  ...ow.
...enot oupn d vindou.

...dow is blocked.
...iz blokt.

...he key inside.
...í insajd.

...ey / card from the

Aj lást d kí / kárd from d rúm.

...zbité okno. | There is a broken window in the room.
Dér iz e broukn vindou in d rúm.

Ubytování v kempu

Je někde poblíž kemp?	Is there any camp around? *Iz dér eny kemp eraund?*
Je možné tady kempovat?	Is camping allowed here? *Iz kempink elaud hír?*
Máte volné místo pro stan / karavan / auto?	Do you have vacancy for a tent / van / car? *Du ju hef vejknsi fór e tent / ven / kár?*
Máte volné chatičky?	Do you have vacant cottages? *Du ju hef vejknt katidžis?*

Kolik to stojí na den?	H...
	Hau...
Je v kempu...	Is there...
	Is dér...
... pitná voda	... drinking wat...
	... drinkink vótr
... elektřina	... electricity
	... elektrisity
... restaurace	... a restaurant
	... restaurant
... dětské hřiště	... a playground
	... plejgraund
... možnost nákupů	... a shopping centre in the camp?
	... šopink centr in d kemp?
V kolik hodin je noční klid?	When does the night curfew begin?
	Ven das d najt kéfjú bigin?
V kolik hodin se kemp zavírá?	What time does the camp close?
	Vot tajm das d kemp klous?

o / hi
ou / háj

w are you?
u ár jú?

hat is your name?
pt iz jór nejm?

...et me introduce myself.
...et mí intrdjús majself.

... /
představil.

Jmenuji se... — My name is...
Maj nejm iz...

Jsem z... — I am from...
Aj em from...

Tohle je moje manželka / můj manžel. — This is my wife / husband.
Dis iz maj vajf / hazbent.

Rád vás poznávám. — It is nice to meet you.
It iz najs tu mít jú.

Už jsem vás dlouho neviděl. — I have not seen you for a long time.
I hef not sín ju fór e long tajm.

Odkud jste? — Where are you from?
Vér ár ju from?

Já jsem z České republiky. — I am from the Czech Republic.
Aj em from d ček repablik.

Líbí se vám tu? — Do you like it here?
Du ju lajk it hír?

Jak dlouho tu už jste?	How long have you been here?
	Hau long hef ju bín hír?
Bydlíte v hotelu nebo v soukromí?	Do you live in a hotel or in a private house?
	Du ju lif in e hotel ór in e prajvit haus?
Jaké je vaše zaměstnání / Kde pracujete?	What do you do for a living?
	Vot du jú du fór e livink.
	What is your job?
	Vot iz jór džob?
Líbí se vám v této zemi?	Do you like this country?
	Du ju lajk dis kauntry?
Jste tady poprvé?	Are you here for the first time?
	Ár ju hír fór d férst tajm?
Mohu si k vám přisednout?	May I sit here?
	Mej aj sit hír?
Nemohl byste mě / nás vyfotografovat?	Could you take a picture of me, please?
	Kud ju tejk e pikčr of mí, plíz?
Mohl bych vás pozvat na skleničku / večeři?	May I invite you for a drink / dinner?
	Mej aj invajt ju fór e drink / dinr?
Kde se sejdeme?	Where shall we meet?
	Vér šel ví mít
Těším se na shledání.	I am looking forward to seeing you again.
	Aj em lukink fórvard tu síink ju egein.
Rád jsem vás poznal.	It was nice to meet you.
	It vos najs tu mít jú.

Fráze o počasí

Je / bude...	It is / it will be... *It iz / it vil bí*
... <u>krásně</u>	... lovely *... lavly*
... **mlha**	... foggy *... fogy*
... **zataženo**	... cloudy *... klaudy*
... **bouřka**	... stormy *... stórmy*
Dnes je hezky, viďte?	It is a lovely day, isn´t it *It iz e lavli dej, iznt it?*
Tohle je hrozné počasí.	It is awful weather. *It iz óful vetr.*
Prší!	It is raining! *It iz rejnink!*
Mrholí!	It is drizzling! *It iz drizlink!*
<u>**Svítí slunce**</u>	The sun is shining *D san iz šajnink*
Nevíte, jaké bude počasí?	Do you know the weather forecast? *Du ju nou d vetr forkást?*
Tohle počasí mi nedělá dobře.	This weather does not make me feel good. *Dis vetr das not mejk mí fíl gut.*
Poslední dobou pořád prší.	It has been raining lately. *It hes bín rejnink lejtly.*
Fouká vítr!	The wind is blowing! *D vind iz blouink!*

Sněží!	It is snowing!
	It iz snouink!
Počasí se bohužel kazí.	The weather is getting worse.
	D vetr iz getink vórs.
Pozor, venku je náledí!	Be careful, it is slippery outside!
	Bí kéfl, it iz sliperi autsajd!
Myslím, že se dělá hezky.	I think the weather is getting better.
	I tink d vetr iz getink betr.

Druhy počasí

<u>**báječné**</u>	Nice
	Najs
deštivé	Rainy
	Rejny
jasné	Bright / Clear
	Brajt / Klír
<u>**krásné**</u>	Wonderful
	Vondrful
mizerné	Bad
	Béd
nádherné	Splendid
	Splendid
slunečné	Sunny
	Sany
strašné	Awful
	Óful
studené	Cold
	Kould

KONVERZACE, SEZNAMOVÁNÍ, ZDVOŘILOSTI

sychravé	Damp and cold *Demp end kould*
špatné	Nasty *Násty*

Schůzka

Mohl(a) bych vás pozvat na večeři / skleničku?	Can I invite you for dinner / a drink? *Ken aj invajt ju fór dinr / e drink?*
Děkuji, rád(a) přijímám.	Thank you, I would be glad to accept. *Tenk ju, aj vud bí gléd tu ekcept.*
Nezlobte se, ale nemám čas.	I am sorry, I am too busy. *Ajem sory, ajem tú bizy.*
Neobtěžujte!	Leave me alone! *Lív mí eloun!*
V kolik hodin můžete přijít?	What time could you come? *Vot tajm kud ju kam?*
Kde se sejdeme?	Where could we meet? *Vér kud ví ...?*
Sejdeme se zde v... hodin.	We will meet here at... o´clock. *Ví vil mít hír et... o klok.*
Velmi se na vás těším.	I am looking forward to se you. *Ajem lukink fórvard tu sí jú.*
Rád(a) jsem vás poznal(a).	It was nice to meet you. *It vos najs tu mít jú.* I was pleased to meet you. *Aj vos plíst tu mít jú.*

38

Mne také těšilo.	And you too.
	End jú tú.
	I was pleased, too.
	Aj vos plíst tú.
Chcete cigaretu?	Would you like a cigarette?
	Vud jú lajk e sigaret?
	May I offer you a cigarette?
	Mej aj ofr ju e sigaret?
Nebude vám vadit, když si zapálím?	Would you mind if I smoked?
	Vud ju majnd if aj smoukt?
Máte oheň?	Do you have a light?
	Du ju hef e lajt?
Mohu vás doprovodit domů?	May I take you home?
	Mej aj tejk jú houm?
	May I accompany you?
	Mej aj ekampeny jú?
Ne děkuji, dojdu sám / sama.	Thank you, I will manage it by myself.
	Tenk ju, aj vil menič it baj majself.
Doufám, že se ještě uvidíme.	I hope we will see each other again.
	Aj houp wí vil sí íč adr egein.
Mohu vám zatelefonovat?	Can I give you a call?
	Ken aj giv ju e kól?
Dal(a) byste mi vaše telefonní číslo?	Could you give me your number?
	Kud ju giv mí jór nambr?
Ne, nevolejte mi.	No, please, do not call me.
	No, plís, dú not kól mí.
Nechte mě na pokoji, nebo zavolám policii.	Leave me alone or I will call the police.
	Lív mí eloun ór aj vil kól d polís.

JÍDLO

Restaurace

Kde je restaurace...? (jméno)	Where is restaurant...? (name) *Vér iz d restorant...? (nejm)*
Můžete mi doporučit nějakou restauraci?	Can you recommend a restaurant? *Ken ju rekoment e restorant?*
Jaká je to restaurace?	What kind of a restaurant is it? *Vot kajnd of e restorant iz it?*
Rádi bychom něco typického.	We would like something typical. *Ví vud lajk samtink typikl.*
Není moc drahá?	Is it very expensive? *Iz it very ixpenziv?*
Do kolika hodin mají otevřeno?	What time do they close? *Vot tajm dú dej klouz*
Musíme si předem rezervovat místa?	Do we need to reserve a table? *Dú ví nýd tu rezérv e tejbl?*
Je to odsud daleko?	Is it far away from here? *Iz it fár evej from hír?*
Jak se tam dostaneme?	How could we get there? *Hau kud ví get dér?*
Máte volná místa?	Do you have a free table? *Du ju hef e frí tejbl?*
Je to s obsluhou?	Is it self-serve? *Iz it self sév?*
Kde si můžeme objednat?	Where can we order? *Vér ken ví órdr?*
Je zde volno?	Is this seat free? *Iz dis sít frí?*

Je tahle židle volná?	Is this chair free? *Iz dis čér frí?*
Máte jídelní lístek v němčině / angličtině?	Do you have the menu in English / German? *Du ju hef d meny in ingliš / džérmn?*
Pane vrchní!	Waiter! *Vejtr!*
Můžete nám přinést dětskou židli?	Could you bring us a child´s chair? *Kud ju brink as e čildrens čér?*
K pití si dáme...	To drink we will have... *Tu drink ví vil hef...*
Rádi bychom si objednali.	We would like to order. *Ví vud lajk tu órdr.*
Dáme si...	We will have... *Ví vil hef...*
Máte poloviční porce?	Do you serve half portions? *Du ju sérv hálf póršns?*
Mám dietu.	I have a special diet. *Aj hef e spešl dájit.* I am on a diet. (kvůli zhubnutí) *Aj em on dájit.*
Máte něco vegetariánského?	Do you have something vegetarian? *Du ju hef samtink vedžeterien?*
Dáme si něco tradičního.	We would like something traditional. *Ví vud lajk samtink tradišnl.*
Co je tohle?	What is this? *Vot iz dis?*

Co byste mi doporučil?	What do you recommend?
	Vot du ju rekoment?

Stížnosti u jídla

Jídlo je...	The meal is...
	D míl iz...
... málo slané	... not salty enough
	not sólty inaf
... přesolené	... too salty
	... tú sólty
... vystydlé	... cold
	... kould
... zkažené	... spoiled
	... spoilt
... nedovařené	... not cooked enough
	... not kukt enas
... příliš ostré	... too spicy
	... tú spajsi
Tohle jsem si neobjednal.	I did not order this.
	Aj did not órdr dis.
Nemám...	I do not have...
	Aj du not hef...
... nůž	... a knife
	... e najf
... vidličku	... a fork
	... e fork
... lžíci	... a spoon
	... e spún
... lžičku	... a teaspoon
	... e tíspún
... talíř	... a plate
	... e plejt

... příbor	... flatware / silverware
	... fletvér / silvrvér
Co je s mým jídlem, prosím?	What comes with my meal?
	Vot kams vit maj míl?
Nezapomněl jste na nás?	Did you not forget about us?
	Did ju not forget ebaut as?
Porce je příliš malá.	My portion is too small.
	Maj póršn iz tú smóll.
Přineste mi něco jiného.	Please bring me something else.
	Plíz brink mí somtink els.
Jídlo má divnou chuť.	The meal tastes strange.
	D míl tejsts strejnč.
Tohle není čisté.	This is not clean.
	Dis iz not klín.
Zavolejte mi vedoucího.	Call the manager, please.
	Kól d menedžr, plíz.
Budu si stěžovat.	I will complain.
	Aj vil komplejn.
Vystavil byste mi stvrzenku?	Could you bring the bill please?
	Kud ju brink d bil plíz?
	Could you give me a receipt?
	Kud ju giv mí e risít?
Zdá se mi, že jsem byl ošizen.	I think I have been cheated.
	Aj tink aj hef bin čítyt.
	Could you add this up again please? I don't think the bill is correct.
	Kud ju ed dis ap egen plíz? Aj dount tink d bil iz korekt.
Chtěl bych k jinému stolu.	I would like to sit somewhere else.
	Aj vud lajk tu sit samvér els.

Vyměňte, prosím, ubrus.	Could you change the tablecloth, please? *Kud ju čejnč d tejblklot, plíz?*
Ztlumte, prosím, hudbu!	Could you turn the music down, please? *Kud ju térn d mjúzik daun, plíz?*
Nerušte, prosím!	Do not disturb us, please! *Du not distérb as, plíz!*
Nekuřte zde, prosím!	Do not smoke here, please! *Du not smouk hír, plíz!*

Slovníček jídelníčku Č–A

ananas	Pineapple *Pajnepl*
aperitiv	Aperitif *Eperitif*
banán	Banana *Banána*
biftek	Beefsteak *Bífstejk*
brambory	Potatoes *Potejtous*
cibule	Onion *Anyjn*
čaj	Tea *Tý*
česnek	Garlic *Gárlik*
dezert	Sweet course, dessert (am.) *Svýt kórs, dysért*
dort	Cake *Kejk*

drůbež	Poultry	*Poultry*
džus	Juice	*Džús*
ementál	Swiss cheese	*Svis čís*
fazole	Beans	*Bíns*
fík	Fig	*Fik*
garnáti	Shrimps	*Šrimps*
hořčice	Mustard	*Mastrd*
houby	Mushrooms	*Mašrúms*
houska	Roll	*Rol*
hranolky	chips, French fries (am.)	*čips, frenč frájs*
hruška	Pear	*Pír*
husa	Goose	*Gús*
chléb	Bread	*Bred*
jahoda	Strawberry	*Stróbery*
jogurt	Yoghurt	*Jogurt*
kachna	Duck	*Dak*

kapr	Carp	*Kárp*
káva	Coffee	*Kofí*
kaviár	Caviar	*Kaviar*
knedlíky	Dumplings	*Damplinks*
kokos	Coconut	*Koukounat*
koktejl	Cocktail	*Koktejl*
kotleta	Chop	*Čop*
krab	Crab	*Kreb*
králík	Rabbit	*Rebit*
květák	Cauliflower	*Kóliflaur*
lasagne	Lasagna	*Lasáňa*
ledvinky	Kidneys	*Kidnýs*
limonáda	Lemonade	*Lemonejd*
losos	Salmon	*Selmon*
majonéza	Mayonnaise	*Mejonýz*
makrela	Mackerel	*Mekerel*

malina	Raspberry	*Raspbery*
mandle	Almond	*Ólmond*
marmeláda	Jam / Marmelade	*Džem / Mámelejd*
maso...	Meat	*Mít*
... vepřové	Pork	*Pórk*
... hovězí	Beef	*Bíf*
... telecí	Veal	*Víl*
... jehněčí	Lamb	*Lémb*
... skopové	Mutton	*Matn*
... kuřecí	Chicken	*Čikn*
máslo	Butter	*Batr*
máta	Mint	*Mint*
med	Honey	*Hany*
meloun	Water melon	*Vótr meln*
míchaná / smažená vejce	Scrambled eggs	*Skrémbld eks*
minerální voda	mineral water	*mineral vótr*

mléko	Milk *Milk*
mrkev	Carrot *Kerot*
ocet	Vinegar *Vinegr*
okurka	Cucumber *Kjúkambr*
olej	Oil *Ojl*
omáčka	Sauce *Sós*
ořech	Nut *Nat*
ostružina	Blackberry *Blekbery*
ovoce	Fruit *Frút*
paprika	Red pepper *Red pepr*
párek / klobása	Hot dog / Sausage *Hod dog / Sósič*
pepř	Pepper *Pepr*
pivo	Beer *Bír*
polévka	Soup *Súp*
příloha	Side dish *Sajt diš*
předkrm	Appetizer *Apetajzr*

pstruh	Trout *Traut*
rajské jablko	Tomato *Tomejtou*
rostlinný tuk	Vegetable fat *Vedžetabl fet*
rum	Rum *Ram*
rybí filé	Fish fillet *Fiš filet*
ryba	Fish *Fiš*
rýže	Rice *Rajs*
salám	Salami *Salámi*
salát	Salad / Lettuce (hlávkový) *Sélid / Letis*
salsa	Salsa *Salsa*
sardinky	Sardines *Sérdajns*
sekt	Sect *Sekt*
slanina s vejcem	Bacon with eggs *Bejkn vit eks*
sůl	Salt *Solt*
sušenky	Sweets, cookies (am.) *Svíts, kúkís*
sýr	Cheese *Čís*

špagety	Spaghetti *Spagety*
štika	Pike *Pajk*
šunka s vejci	Ham with eggs *Hem vit egs*
tatarská omáčka	Tartar sauce *Tátr sós*
topinka	Toast *Toust*
třešeň	Cherry *Čery*
tuňák	Tuna *Túna*
ústřice	Oysters *Ojstrs*
uzené maso	Smoked meat *Smoukt mít*
vaječná omeleta	Egg omelette *Ek ámlit*
vařené vajíčko	Boiled egg *Bojlt eks*
vejce	Eggs *Eks*
víno	Wine *Vajn*
víno (hrozny)	Grapes *Grejps*
whisky	Whisky *Visky*
zelenina	Vegetables *Vedžetebls*

zelí	Cabbage *Kebič*
zmrzlina	Ice cream *Ajs krím*

Druhy přípravy jídel

Grilovaný	Grilled *Grilt*
Obalovaný	Breaded *Bredyd*
Pečený	Roasted *Roustyd*
Smažený	Fried *Frajt*
Uzený	Smoked *Smoukt*
Vařený	Boiled *Boilt*

Slovníček jídelníčku A–Č

Almond *Almond*	**mandle**
Aperitif *Eperitif*	**aperitiv**
Appetizer *Apetajzr*	**předkrm**
Bacon with eggs *Bejkn vit eks*	**slanina s vejcem**
Banana *Banána*	**banán**
Beans *Bíns*	**fazole**

Beef *Bíf*	**hovězí**
Beefsteak *Bífstejk*	**biftek**
Beer *Bír*	**pivo**
Blackberry *Blekberi*	**ostružina**
Boiled egg *Boild ek*	**vařené vejce**
Bread *Bred*	**chléb**
Butter *Batr*	**máslo**
Cabbage *Kebič*	**zelí**
Cake *Kejk*	**dort**
Carp *Kárp*	**kapr**
Carrot *Kerot*	**mrkev**
Cauliflower *Kólifaur*	**květák**
Caviar *Kaviar*	**kaviár**
Cocktail *Koktejl*	**koktejl**
Coconut *Koukounat*	**kokosový ořech**
Coffee *Kófí*	**káva**

Cookies *Kúkíz*	**sušenky (am.)**
Crab *Kreb*	**krab**
Cucumber *Kjúkambr*	**okurka**
Dessert *disért*	**dezert (am.)**
Duck *Dak*	**kachna**
Dumplings *Damplinks*	**knedlíky**
Egg omelette *Ek ámlit*	**vaječná omeleta**
Eggs *Eks*	**vejce**
Fig *Fik*	**fík**
Fish *Fiš*	**ryba**
Fish fillet *Fiš filet*	**rybí filé**
Poultry *Poultry*	**drůbež**
French fries *Frenč frajs*	**hranolky (am.)**
Fruits *Frúts*	**ovoce**
Garlic *Gárlik*	**česnek**
Goose *Gús*	**husa**

Ham with eggs *Hem vit eks*	**šunka s vejci**
Honey *Hany*	**med**
Cheese *Čís*	**sýr**
Cherry *Čery*	**třešně**
Chicken *Čikn*	**kuře**
Chips *Čips*	**hranolky**
Chop *Čop*	**kotleta**
Ice cream *Ajs krím*	**zmrzlina**
Jam *Džem*	**džem**
Juice *Džús*	**džus**
Kidneys *Kidnýs*	**ledvinky**
Lamb *Lémb*	**jehněčí**
Lasagne *Lasáňa*	**lasagne**
Lemonade *Lemonejd*	**limonáda**
Mackerel *Makerel*	**makrela**
Mayonnaise *Mejonýs*	**majonéza**

Meat *Mít*	**maso**
Milk *Milk*	**mléko**
Mineral water *Mineral vótr*	**minerálka**
Mint *Mint*	**máta**
Mushrooms *Mašrúms*	**houby**
Mustard *Mastrd*	**hořčice**
Mutton *Matn*	**skopové**
Nut *Nat*	**ořech**
Oil *Ojl*	**olej**
Onion *Anijn*	**cibule**
Oysters *Ojstrs*	**ústřice**
Pear *Pír*	**hruška**
Pepper *Pepr*	**pepř**
Pike *Pajk*	**štika**
Pineapple *Pajnepl*	**ananas**
Pork *Pórk*	**vepřové**

Potatoes
Potejtous
brambory

Rabbit
Rebit
králík

Raspberry
Raspberi
malina

Red pepper
Red pepr
paprika

Rice
Rajs
rýže

Roll
Rol
houska

Rum
Ram
rum

Salad
Selid
salát

Salami
Salámi
salám

Salmon
Sálmn
losos

Salsa
Salsa
salsa

Salt
Sólt
sůl

Sardines
Serdajns
sardinky

Sauce
Sós
omáčka

Sausage
Sosič
párek

Scrambled eggs
Skrémbld eks
míchaná vejce

Sect *Sekt*	**sekt**
Shrimps *Šrimps*	**garnáti**
Side dish *Sajd diš*	**příloha**
Smoked meat *Smoukt mít*	**uzené maso**
Soup *Súp*	**polévka**
Spaghetti *Spageti*	**šagety**
Strawberry *Stróberi*	**jahoda**
Sweet course *Svít kórs*	**dezert**
Sweets *Svíts*	**sušenky**
Swiss cheese *Svis čís*	**ementál**
Tartar sauce *Tártr sós*	**tatarská omáčka**
Tea *Tý*	**čaj**
Toast *Toust*	**topinka**
Tomato *Tomejtou*	**rajče**
Trout *Traut*	**pstruh**
Tuna *Túna*	**tuňák**

Veal *Víl*	**telecí**
Vegetable fat *Vedžetabl fet*	**rostlinný tuk**
Vegetables *Vedžetabls*	**zelenina**
Grapes *Grejps*	**hroznové víno**
Vinegar *Vinegr*	**ocet**
Water melon *Vótr melon*	**meloun**
Whisky *Visky*	**whisky**
Wine *Vajn*	**víno**
Yoghurt *Jogurt*	**jogurt**

Druhy přípravy jídel

boiled *boilt*	**vařený**
breaded *bredyd*	**obalovaný**
fried *frajt*	**smažený**
grilled *grilt*	**grilovaný**
roasted *roustyd*	**pečený**
smoked *smoukt*	**uzený**

Hospodské fráze

Dám si...	I will have... *Aj vil hef...*
... světlé pivo	... a beer *... e bír*
... točené pivo	... draughted beer / draft *... drótyd bír / dráft*
... tmavé pivo	... dark beer *... dárk bír*
... bílé / červené víno	... white / red wine *... vajt / red vajn*
Jak je to silné?	How strong is it? *Hau strong iz it?*
Přineste mi ještě jedno.	Bring me one more. *Brink mí uan mór.*
Přineste mi...	Bring me... *Brink mí...*
... nůž	... knife *... najf*
... vidličku	... fork *... fork*
... lžíci	... spoon *... spún*
... příbor	Knive and fork / Flatware *Najf ent fórk / Fletvér*
Pane vrchní!	Waiter! *Vejtr!*
Zaplatím!	I would like to pay please. *Aj vud lajk tu pej plíz.* I will pay! *Aj vil pej!*

NAKUPOVÁNÍ

Máte...?	Do you have...? *Du ju hef...*
Kolik to stojí?	How much does it cost? *Hau mač das it kost?*
Kde mohu koupit...?	Where can I buy...? *Vér ken aj báj...?*
Nemáte něco levnějšího?	Do you have anything cheaper? *Du ju hef enytink čípr?*
Sháním nějaký dárek.	I am looking for a present. *Aj am lukink fór e prezent.*
Ukažte mi tamto.	Could you show me that, please? *Kud jú šou mí det, plíz?*
Zabalte mi to, prosím.	Could you wrap it, please? *Kud jú rep it, plíz?* Wrap it up, please. *Rep it ap, plíz.*
Mohu si to zkusit?	Can I try it on? *Can aj tráj it on?*
Je mi to malé / velké.	It is too little / big. *It iz tú litl / big.*
Máte větší / menší?	Do you have something bigger / smaller? *Du ju hev samtink bigr / smólr?*
Jak dlouho máte otevřeno?	When do you close? *Ven du ju klouz*
Nemohl bych dostat slevu?	Is it on sale? *Iz it on sejl?* Do you have any sales? *Du ju hef eny sejls?*

Chtěl bych...	I would like...
	Aj vud lajk...
Dejte mi...	Give me...
	Giv mí...
Nevíte, kde bych mohl sehnat...?	Do you have any idea where to get the...
	Du ju hef eny ajdýja vér tu get d...?
Kde je nejbližší...?	Where is the nearest...?
	Vhér iz d nýrist...?
Kolik budu platit?	How much do I owe you?
	Hau mač du áj ou jú?
Kde mohu zaplatit?	Where should I pay?
	Vér šud aj pej?
Berete šeky?	Do you accept checques?
	Du ju aksept čeks?
Mohu platit kartou?	Can I use the card?
	Ken aj jús d kárt

Oblečení a doplňky

čepice	hat
	het
deštník	umbrella
	ambrela
džíny	jeans
	džíns
kabát	coat
	kout
kabelka	purse, handbag (am.)
	pérs, hendbeg
kalhotky	underwear
	andrvér

kalhoty	trousers, pants (am.)
	trausrs, pénts
kapesník	handkerchief
	hénkrčíf
klobouk	hat
	het
košile	shirt
	šért
koupací čepice	bathing cap
	bejtink kep
kravata	tie
	táj
montérky	overalls
	ouvróls
motýlek	bow tie
	bau taj
pásek	belt
	belt
plavky	swimsuit
	svimsjú
podprsenka	bra
	brá
pyžamo	pyjama, pajama (am.)
	padžáma
rukavice	gloves
	glavs
sako	jacket
	džekit
sukně	skirt
	skért
svetr	sweater
	svedr

šála	scarf
	skárf
šaty	dress
	dres
šle	braces, suspenders (am.)
	brejsis, suspendrs
šortky	shorts
	šórts
vesta	vest
	vest
větrovka	windcheater, windbreaker
	vindčítr, vindbejkr

Látky / materiály

bavlna	cotton
	katn
čisté hedvábí	pure silk
	pjúr silk
džínovina	denim
	denim
froté	terry cloth
	teri clot
hedvábí	silk
	silk
lehká látka	lightweight
	lajtvejt
manšestr	corduroy
	kóderoi
plátno	linen
	linen

satén	sateen *satýn*
tkanina	fabric *febrik*
vlna	wool *vúl*

Jaké to má být?

Barevné / barevnější	Colourful / more colourful *Kolorful / mór kolorful*
Čtvercové	Square *Skué*
Dobré / lepší	Good / better *Gut / betr*
Drahé / dražší	Expensive / more expensive *Ikspénsiv / mór ikspénsiv*
Jednoduché / jednodušší	Simple / simpler *Simpl / simpler*
Kulaté / kulatější	Round / more round, rounder *Raund / mór raund, raundr*
Kvalitní / kvalitnější	Quality / better quality *Kuality / betr kuality*
Laciné / levnější	Cheap / cheaper *číp / čípr*
Lehké / lehčí	Light / lighter *Lajt / lajtr*
Malé / menší	Small / smaller *Smól / smólr*
Měkké / měkčí	Soft / softer *Soft / softr*
Oválné	Oval *Ouvl*

Pestré / pestřejší	Varied / more varied
	Verájed / móre verájed
Pevné / pevnější	Stiff / stiffer
	Stif / stifr
	Tough / tougher
	Taf / tafr
Složité / složitější	Complicated / more complicated
	Komplikejtyd / mór komplikejtyd
Světlé / světlejší	Light / lighter
	Lajt / lajtr
Těžké / těžší	Heavy / heavier
	Hevy / hevyjer
Tmavé / tmavší	Dark / darker
	Dárk / dárkr
Tvrdé / tvrdší	Hard / harder
	Hárd / hárdr
Velké / větší	Large / larger, big / bigger
	Lárdž / lárdžr, big / bigr

Ve fotolabu

Chtěl bych vyvolat film(y).	I would like to have the film(s) developed.
	Aj vud lajk tu hef d film(s) diveloupd.
Jak dlouho to bude trvat?	How long will it take?
	Hau long vil it tejk?
Chci vyvolat film za hodinu.	I need it in an hour.
	Aj nýd it in en aur.
Kolik to bude stát?	How much will it cost?
	Hau mač vil it kost?

Chci fotografie z celého filmu.	I would like the whole film printed. *Aj vud lajk d houl film printyd.*
Chci jen vybrané fotografie.	I need just some photos. *Aj nýd džast sam fotos.*
Chci standardní formát.	I would like the standard format. *Aj vud lajk d sandard fórmit.*
Potřebuji nový barevný film.	I need a new colour film. *Aj nýd e njú kalr film.*
Chci film na 24 / 36 snímků.	I need a roll of film for 24 / 36 shots. *Aj nýd e rol of film fór twenty fór / thérty six šots.*
Chci film na diapozitivy.	I need a roll of film for slides. *Aj nýd d film fór slajds.*

U optika

Rozbily se mi brýle.	My glasses are broken. *Maj glásis ár brouken.*
Potřeboval bych je spravit.	I would like to have my glasses fixed. *Aj vud lajk tu hef maj glásis fixid.*
Kdy to bude hotové?	When will they be ready? *Ven vil dej bí redy?*
Kolik to bude stát?	How much will it cost? *Hau mač vil it kost?*
Ztratil jsem kontaktní čočku.	I lost my contact lense. *Aj lost maj kontakt lens.*
Potřebuji nové kontaktní čočky.	I need new contact lenses. *Aj nýd njú kontakt lensis.*

Potřebuji vyčistit brýle.	My glasses need to be cleaned.
	Maj glásis nýd to bí klínt.
Potřebuji sluneční brýle.	I need sunglasses.
	Aj nýd sanglásis.
Potřebuji roztok na kontaktní čočky.	I need contact lense solutions.
	Aj nýd kontakt lens solúšn.
	I need a solution for contact leneses.
	Aj nýd a solúšn fór kontakt lensis.

V lékárně

Potřebuji...	I need...
	Aj nýd
... teploměr	... a thermometer
	... a termomítr
... prášky na snížení teploty	... pills to reduce a fever
	... pils to ridjús e fívr
... prášky proti bolesti	... a pain-killer
	... e pejnkilr
... proti kašli	... something to get rid of a cough
	... samting tu get rid e kof
	... some pills for coughing
	... sam pils fór kafin
... mast na spáleniny	... a cream for bums
	... e krím fór bams
	... some skin lubrication
	... sam skin lubrikejšn
... obvaz	... a bandage
	... e bendidž
	... wide compress
	... vajd kompres

... náplast ... elastoplast
... elastoplast

Na poště

Chci poslat dopis / pohled do...	I want to send a letter / postcard to...
	Aj vont to sent e letr / poustkárd tu...
Kolik stojí známka do...	How much is a stamp to...?
	Hau mač iz e stemp tu...?
Prodáváte známky?	Do you sell stamps?
	Du ju sel stemps?
Dejte mi... známky na dopis / pohled.	Give me... stamps for letter / postcard.
	Giv mí... stemps fór letr / poustkárd.
Chci poslat dopis doporučeně.	I would like to send a registered letter.
	Aj vud lajk tu sent e redžistrd letr.
Za jak dlouho bude v...	How long will it take to arrive in...
	Hau long vil it tejk tu erajv in...
Kde se posílají peníze?	Where can I send money?
	Vér ken aj sent many?
Kde se mám podepsat?	Where can I sign it?
	Vér ken aj sajn it?

Seznam obchodů a služeb

banka	Bank *Benk*
bazar	Bazaar *Bazár*
cukrárna	Sweetshop, candy store (am.) *Svítšop, kéndystór*
čistírna	Drycleaner´s *Drajklínrs*
drogerie	Chemist´s, drugstore (am.) *Kimists, dragstór*
hodinářství	Watchmaker´s *Vočmejkrs*
holičství	Hairdresser´s / Barbershop *Hédresrs / Bábršop*
hračky	Toyshop *Tojšop*
klenotnictví	Jewellery *Džuelry*
knihkupectví	Bookshop, bookstore (am.) *Bukšop, bukstór*
knihovna	Library *Lajbrery*
kožešnictví	Furrier *Férier*
krejčovství	Tailor´s *Tejlrs*
květinářství	Florist´s *Flórists*
lahůdky	Delicatessen *Delikatesn*

lékárna	Chemist´s, drugstore, pharmacy (am.) *Kímists, dragstór, fámesi*
mlékárna	Dairy *Déry*
nábytek	Furniture *Féničr*
novinový stánek	Newspaper stand *Ňúspejpr sténd*
obchodní dům	Departmenr store *Dipártment stór*
opravna obuvi	Shoemaker *Šúmejkr*
optik	Optician *Optišn*
papírnictví	Stationer´s *Stejšnr*
parfumerie	Perfumery *Pérfjumery*
pekařství	Baker´s *Bejkrs*
policie	Police *Polís*
porcelán	China shop *Čajna šop*
pošta	Post office *Poust ofis*
potraviny	Grocery store *Grousery stó*
prádelna	Laundry, laundromat *Lóndry, lóndrmet*

první pomoc	First aid	
	Fést ejd	
řeznictví	Butcher´s	
	Bučrs	
starožitnictví	Antique	
	Antík	
suvenýry	Souvenirs	
	Suvenýrs	
trafika	Tobacconist´s	
	Tobekonist	
trh	Market place	
	Máket plejs	
umělecká galerie	Art gallery	
	Át galery	
zelinářství	Greengrocer´s	
	Grýngrousrs	
zmrzlina	Ice cream	
	Ajs krým	
železářství	Ironmonger´s, hardware store	
	Ajrnmongrs, hárdvér stór	

Pánské oblečení

1. trousers, pants (am.)
2. jeans
3. jacket
4. suit
5. T-shirt
6. vest
7. coat
8. shirt
9. socks
10. shorts
11. shoes
12. sweater
13. underwear / boxer shorts
14. cap
15. hat
16. beret
17. tie
18. swimsuit

Dámské oblečení

1. costume / suit
2. skirt
3. stockings
4. underwear
5. panties
6. bathing suit / swimming suit
7. bra
8. nylon tights / night shirt
9. tights / nylons
10. dress
11. knitted suit
12. trouser suit

Číslování oblečení a bot

Tabulka velikosti mužského oblečení

Británie	36	38	40	42	44	46	48
Evropa	46	48	50	52	54	56	58
USA	36	38	40	42	44	46	48

Velikosti šatů

Británie	8	10	12	14	16	18
Francie	36	38	40	42	44	46
Itálie	38	40	42	44	46	48
Evropa	34	36	38	40	42	44
USA	6	8	10	12	14	16

Pánská trička, košile

Británie	14	14,5	15	15,5	16	16,5	17
Evropa	36	37	38	39/40	41	42	43
USA	14	14,5	15	15,5	16	16,5	17

Pánská obuv

Británie	7	7,5	8,5	9,5	10,5	11
Evropa	41	42	43	44	45	46
USA	8	8,5	9,5	10,5	11,5	12

Dámská obuv

Británie	4,5	5	5,5	6	6,5	7
Evropa	38	38	39	39	40	41
USA	6	6,5	7	7,5	8	8,5

NA CESTĚ (DOPRAVA)
LETADLO

Fráze na letišti a v letadle

Jak se dostanu na letiště?	How can I get to the airport? *Hau ken aj get tu dí érpórt?*
Jede tento autobus / vlak na letiště / do centra?	Does this bus / train go to the airport / the centre? *Das dis bas / trejn gou tu dí érpórt / d sentr?*
Kde je výdej zavazadel?	Where is the luggage reclaim? *Vér iz dí lagič riklejm?*
Tady je můj pas.	Here is my passport. *Hír iz maj pásport.*
Jedu na služební cestu.	I am going for a business trip. *Ajem gouink fór e biznys trip.*
Nemám nic k proclení.	I have nothing to declare. *Aj hef natink tu diklér.*
Mohu už jet?	May I go now? *Mej aj gou nau?*
Chcete vidět zavazadla?	Do you want to see my luggage? *Du ju vont tu sí maj lagič?*
Odkud jezdí autobusy / metro do centra?	Where do the buses / trains leave for the centre? *Vér dú d basis / trejns líf fór d sentr?*
Kde je odletová hala?	Where is the departure hall? *Vér iz d dipáčr hól?*

Kde je nejbližší zastávka autobusu / metra?	Where is the nearest bus / train station? *Vér iz d nírist bas / trejn stejšn?*
Jedu na dovolenou.	I am going for holidays. *Ajem gouink fór holidejs.*
Zdržím se... dní.	I will stay... days. *Aj vil ste... dejs.*
K proclení mám...	I have... to declare. *Aj hef... tu diklér.*
Kde mám zastavit?	Where should I stop? *Vér šud aj stop?*
Tohle je pro osobní potřebu.	This is for my personal use. *Dis iz fór maj personal jús.*
Potřebuji se dostat do...	I would like to fly to... *Aj vud lajk tu fláj tu...*
Je možné letět přímo?	Is it a direct flight? *Is it e dajrekt flajt?*
Kdy letí nejbližší letadlo do...?	When does the plane to... take off? *Ven das d plejn tu... tejk of?*
Ze kterého terminálu?	From which terminal does it take off? *From vič terminl das it tejk of?* Which terminal does it take off from? *Vič terminl das it tejk of from?* What terminal number does the plane take off from? *Vot terminl nambr das d plejn tejk of from?*

Budu muset přesedat?	Do I have to change planes?
	Du aj hev tu čejnč planes?
Chtěl bych letenku...	I would like a...
	Aj vud lajk e...
... jedním směrem	... one-way ticket
	... van vej tikit
... zpáteční	... return ticket
	... ritérn tikit
... sedadlo u uličky / okénka	... aisle / window seat
	... ejl / vindou sít
... první / druhá třída	... business / economy class
	... biznys / ekonomi klás
V kolik hodin to letí?	What time does the plane take off?
	Vot tajm das d plejn tejk of?
Kdy proběhne odbavení?	What time does check in start?
	Vot tajm das ček in stát?
Chtěl bych zrušit / změnit rezervaci.	I would like to cancel / change the reservation.
	Aj vud lajk tu kénsl / čenž d rezervejšn.
Tohle je moje místo.	This is my seat.
	Dis iz maj sít.
Mohu se, prosím, podívat z okna?	May I have a look out of the window, please?
	Mej aj hef e luk out of d vindou, plíz?
Jaké je v... počasí?	What is the weather like in...?
	Vot iz d vedr lajk in...?
Kdy, prosím, přistaneme?	When will we land, please?
	Ven wil ví lend, plís?

Letové informace

Kdy letí letadlo do...? (místo)	When does the plane to... take off?
	Ven das d plejn tu... tejk of?
	When does the... plane take off? (destination)
	Ven das d... plejn tejk of?
Jaká je to letecká společnost?	What airline operates this flight?
	Vot érlajn operejts dis flajt?
Je to přímý let?	Is it a direct flight?
	Is it e dajrekt flajt?
Jak dlouho let trvá?	How long does the flight take?
	Hau long das d flajt tejk?
Máte letenku do...?	Do you have a ticket to...
	Du ju hef e tikit tu...
Chci letět... (datum)	I want to fly on the... (date) of month.
	Aj vont tu fláj on d... of mants.
Odkud letí letadlo do...?	Where does the plane to... take off from?
	Vér das d plejn tu... tejk of from?
Jak se dostanu k mezinárodním odletům?	How can I get to international departures?
	Hau ken aj get tu internešnl dipáčrs?

Nejdůležitější nápisy na letišti

Přílety	Arrivals *erajvls*
Odlety	Departures *dipáčrs*
Odbavení	Check-in *Ček in*
Informace	Information *Informejšn*
Příjem zavazadel	Luggage / baggage claim *lagič / begič klejm*
Výdej zavazadel	Luggage / baggage reclaim *lagič / begič riklejm*
Celnice	Customs *kastms*
Východ	Exit *ixit*
Letové informace	Flight information *flajt informejšn*
Cestující z členských zemí EU	EU passports *En kamjunyty pásports*
Ostatní cestující	Other countries *adr kauntrís*
Východ (k letadlu)	Gate *gejt*
Obchod s bezcelním zbožím	Duty-free shop *djúty frí šop*

VLAK (TRAJEKT)

Dejte mi jízdenku do... (místo)	Please give me one ticket to... (destination) *Plíz giv mí uan tikit tu... (destinejšn)*
Kde je, prosím, druhá / první třída?	Where is the second / first class, please? *Vé iz d seknd / fést klás, plíz?*
Kde je lehátkový vůz?	Where is the couchette car? *Vér iz d kušet kár?*
Je tohle místenkový vůz?	Is this a seat reservation car? *Is dis e sít rezervekjšn kár?*
Je zde volno?	Is this seat free? *Is dis sít frí?*
Kdy budeme v...?	When will we arrive in...? *Ven vil ví erajv in...?*
Jedeme přes...?	Are we going through...? *Ár ví gouink trú...?*
Jedeme do...	We are going to... *Ví ár gouink to...*
Kde musíme přestupovat?	Where do we have to change trains? *Vé du ví hef to čenž trejns?*
Je ve vlaku kuřácký vagón?	Is there a smoking compartment in the train? *Is dér e smoukink kompárment in d trejn?*
Je ve vlaku restaurační vůz?	Is there a dining car in the train? *Is dé e dajnink ká in d trejn?*

80

Je ve vlaku místo pro invalidy?	Is there a room for disabled in the train? *Is dé e rúm fór dizejbld in d trejn?*
Zavolejte, prosím, průvodčího.	Call the collector, please. *Kól d kolektor, plíz.*
Mohu otevřít okno?	May I open the window? *Mej aj oupn d vindou?*
Mohl byste zavřít okno?	Could you close the window, please? *Kud ju klouz d vindou, plíz?*
Mohu si, prosím, zapálit?	Would you mind if I had a smoke? *Vud ju majnd if aj hed e smouk?*
Tohle je nekuřácký oddíl!	This is non smoking compartment! *Dis iz non smoukink kompárment!*
Kde jsme, prosím, teď?	What station is this, please? *Vot stejšn iz dis, plíz?*
Najdete mi spojení do...?	Could you find me a connection to... *Kud ju fájnd mí e konekšn tu...*
Pomůžete mi?	Can you help me? *Ken ju help mí?*
Dovolte, prosím.	Excuse me. *Iksjúz mí.*
Promiňte, tohle je moje rezervace.	Excuse me, this is my seat reservation. *Iksjúz mí, dis iz maj sít rezervejšn.*

VLAK (TRAJEKT)

Můžete mě vzbudit v...

Can you wake me up in... please?
Ken ju vejk mi ap in... plíz?

Mohu, prosím, rozsvítit / zhasnout?

Could you please turn the light on / off?
Kud ju plíz térn d lajt on / of?

AUTOSTOP

Jedete, prosím do...?
Do you go to...?
Du ju gou tu...?

Já potřebuji do...
I need to go to...
Aj níd tu gou tu...

Vezmete mě s sebou?
Would you take me with you?
Vud ju tejk mí vit jú?

Je to daleko?
Is it far from here?
Iz it fár from hír?

Vezmete i mého přítele / mou přítelkyni
Could you also take a friend of mine?
Kud ju ólso tejk e frend of majn?

Kam mohu dát batoh?
Where can I put my bag?
Vé ken aj put maj beg?

Máte krásné auto.
You have a nice car.
Ju hev e najs kár.

Zastavte mi, prosím, tady.
Can you stop here, please.
Ken jú stop hír, plíz.

Dá se tam stopovat?
Is it a good place for hitchhiking?
Iz it e gud plejs fór hičhajkink?

Děkuji za svezení.
Thank you for the lift.
Tenk ju fó d lift.

TAXI

Jak mohu sehnat taxi?	Where can I get a taxi? *Vér ken aj get e taxi?*
Kde je, prosím, stanoviště taxi?	Where is a taxi stand? *Vér iz e taxi sténd?*
Můžete mi, prosím, sehnat taxi?	Could you arrange a taxi for me? *Kud ju erejnč e taxi fór mí?*
Vezměte mě do…	Take me to… *Tejk mí tu…*
Kam mám dát zavazadla?	Where can I put my luggage? *Vér ken aj put maj lagič?*
Kolik by to stálo do (k)…?	How much is it to…? *Hau mač iz it tu…?*
Jeďte rovně.	Go straight. *Gou strajt.*
Zatočte doprava / doleva.	Turn to the right / left. *Térn tu d left.*
Mohu zde kouřit?	May I smoke here? *Mej aj smouk hír?*
Prosím, tady zastavte.	Stop here, please. *Stop hír, plíz.*
Promiňte, velmi spěchám.	I am sorry, I am in a hurry. *Aj em sory, aj em in e hari.*
Pomůžete mi se zavazadly?	Can you help me with the luggage? *Ken ju help mí wit d lagič?*
Mohl byste na mě počkat?	Could you wait for me? *Kud ju wejt fór mí?*

Kolik se platí za čekání?	What is the fare for waiting? *Vot iz d fé fór vejtink?*
Kolik jsem dlužen?	How much do I owe you? *Hau mač du aj ou jú?*
Vystavil byste mi stvrzenku?	Could you give me a receipt? *Kud ju giv mí e ricít?*
Počkejte na mě... minut.	Wait... minutes for me, please. *vejt... minits fór mí, plíz.*
Počkejte, prosím, budu hned zpět.	Wait for me, please, I will be right back. *Vejt fór mí, plíz, aj vil bí rajt bek.*

MĚSTSKÁ DOPRAVA

Chtěl bych jízdenku do...	I want a ticket to... *Aj vont e tykit tu...*
Máte vícedenní jízdenky?	Do you have ticket for more days? *Du ju hev tykit fór mór dejz?*
Máte jízdenky na víkend?	Do you have weekend tickets? *Du ju hev víkend tykits?*
Existují slevy pro děti?	Are there any price reductions (discounts) for children? *Á dé eny prajs redakšns (diskaunts) fór čildrn?*
Platí jízdenka na všechny linky?	Is the ticket valid for all lines? *Iz d tykit valid fór ól lajns?*
Kde je zastávka?	Where is the stop? *Vér iz d stop?*
Jak se dostanu do...?	How can I get to...? *Hau ken aj get tu...?*
Kde musím vystoupit?	Where should I get out? *Vér šud aj get aut?*
Je to odtud daleko?	Is it far from here? *Iz it fár from hír?*
Musím přestupovat?	Do I have to change? *Du aj hef to čenž?*
Kolik je to ještě stanic?	How many stations more? *Hau meny stejšns mór?*

Řeknete mi, až budeme u (v)...?

Could you tell me as soon as we get to...
Kud ju tel mí es sún es ví get tu...

Je v autobuse / vlaku místo pro invalidy?

Are there places for disabled in the bus / train?
Ár dér plejsis fór disejbld in d bas / trejn?

AUTO / LOĎ

Půjčovna

Kde si mohu půjčit auto / loď?
Where can I hire a car / boat?
Vér ken aj haja e kár / bout?

Kolik to stojí na den?
How much is it a day?
Hau mač iz it e dej?

Jaký druh benzínu auto / loď potřebuje?
What kind of fuel does the car / boat need?
Vot kájnd of fjúl das d kár / bout nýd?

Je v ceně i pojištění?
Does it include the insurance?
Daz it inklúd dý inšúrens?

Jaký / jakou si mohu vybrat automobil / loď?
What kind of car / boat can I choose?
Vot kájnd of kár / bout ken aj čúz?

Raději bych dvou / čtyřdveřový.
I would rather have a two- / four-door car.
Aj vud radr hef tú / fór dór kár.

Má auto klimatizaci?
Does the car have the air conditioning?
Das d kár hev d ér kondišnnink?

Má auto manuální nebo automatické řazení?
Does the car have manual or automatic shift?
Daz d kár hev manjual ór ótometik šift?

Do kdy je auto / loď třeba vrátit?
When does the car / boat need to be returned?
Ven das d kár / bout nýd tu bí ritérnd?

Je třeba ho vrátit s plnou nádrží?	Does it have to be returned with the tank filled? *Das it hev tu bí ritérnd wit d tenk fild?*
V kolik hodin zavíráte?	What time do you close? *Vot tajm du ju klouz?*
Mohu si auto / loď vzít hned?	Can I take the car / boat right now? *Ken aj tejk d kár / bout rajt nau?*

Čerpací stanice

Kde je nejbližší čerpací stanice?	Where is the nearest petrol / gas (am.) station? *Vé iz d nýrist petrol / ges stejšn?*
Natankujte mi plnou, prosím.	Fill it up, please. *Fil it ap, plíz.*
Natankujte mi, prosím, za...	Fill it for... *Fil it fór...*
Ukažte mi, prosím, jak to funguje.	Show me how it works please. *Šou mí hau it vorks plíz.*
Pomůžete mi natankovat?	Could you help me to fill the tank? *Kud ju help mí tu fil d tank?*
Číslo mého stojanu je...	My number is... *Maj nambr iz...*
Kde mohu doplnit vzduch / vodu?	Where can I fill up the air / water? *Vér ken aj fil ap dý ér / vótr?*

Je zde také mycí linka?	Is there a car wash here? *Iz dér e kár voš hír?*
Mohu platit kartou?	Can I use the card? *Ken aj júz d kárd?*
Umyjte mi, prosím, čelní okno.	Could you wash the windshield, please? *Kud ju voš d vindšíld, plíz?*
Je tu někde vysavač?	Is there a vacuum cleaner here? *Iz dér e vakjúm klínr hír?*

Druhy pohonných hmot

SUPER	SUPER
SPECIAL	NORMAL
NATURAL	UNLEADED
NAFTA	DIESEL

Parkování

Je tu někde poblíž parkoviště / garáže?	Is there a parking lot / garage around here? *Iz dér e parkink plejs eraund hír?*
Kolik se platí za hodinu?	How much is it for an hour? *Hau mač iz it for en aur?*
Mohu zde parkovat?	Can I park here? *Ken aj park hír?*
Kdy a kde se platí?	When and where am I supposed to pay? *Ven end vér em aj supoust tu pej?*

Je parkoviště hlídané?	Is the parking place guarded? *Iz d parkink plejs gárdyd?*
Je odtud blízko do...?	How far is it from here to...? *Hau fár iz it from hír tu...?*
Je tu ještě jiné místo?	Is there any other place here? *Iz dér eny adr plejs hír?*
Jak se dostanu ven?	How can I get out of here? *Hau ken aj get aut of hír?*

Problémy s autem

Mám poruchu na autě.	I am having trouble with my car. *Aj hev e trabl vit maj kár.*
Kde je nejbližší servis?	Where is the nearest car repair service? *Vér iz d nýryst kár ripér sérvis?*
Mohli byste mi poslat pomoc?	Could you send me help? *Kud ju send mí help?*
Moje auto stojí...	My car is parked... *Maj kár stendz...*
Moje poznávací značka je...	The number of my licence plate is... *D nambr of maj lajsens plejt iz...*
Jak dlouho to potrvá?	How long will it take? *Hau long vil it tejk?*
Auto...	My car... *Maj kár...*
... nebrzdí	... does not brake *... das not brejk*

... nestartuje	... does not start *... das not start*
Auto má problémy s / se	There is a problem with the... *Thér iz e problem vit d...*
... spojkou	... clutch *... klač*
... řazením / převodovkou	... gearing *... gírink*
... motorem	... engine *... endžin*
... stěrači	... wipers *... vajprs*
... světly	... lights *... lajts*
Došel mi benzín.	I ran out of petrol / gas (am.). *Aj ren aut of petrol / ges.*
Píchl jsem pneumatiku.	The tyre is flat. *D taja iz flet.*
Pomůžete mi roztlačit auto?	Would you give me a push? *Vud ju giv mí e puš?*
Můžete mi půjčit kanystr?	Could you lend me a petrol tank / gas can (am.)? *Kud ju lend mí e petrol tenk / ges ken?*
Odtáhnete mě do servisu?	Could you tow my car to the repair shop? *Kud ju tau maj kár tu d ripér šop?*
Odtáhli mi auto.	My car has been towed away. *Maj kár hez bin taud evej.*

Nemohu najít svoje auto.	I cannot find my car. *Aj kenot fajnd maj kár.*
Zabouchl jsem si klíč v autě.	I locked the key inside my car. *Aj lokd d kí insajd maj kár.*
Ztratil jsem klíč od auta.	I lost the key from my car. *Aj lost d kí from maj kár.*
Zlomil jsem klíč v zámku.	The key broke in the lock. *D kí brouk in d lok.*
Potřebuji...	I need... *Aj nýd...*
... olej do auta	... oil for the engine *... oil fór dí endžin*
... chladicí směs	... cooling mixture *... kúlink miksčr*
... nemrznoucí kapalinu do ostřikovačů	... non-freezing mixture for wipers *... nonfrízink miksčr fór vajprs*
... žárovku do reflektoru / směrovky	... a bulb for the haedlight / indicator light / blinker or turn signal (am.) *... e balb fór d hedlajt / indikejtr lajt / blinkr ór térn signl*

93

1. bonnet, hood (am.)
2. fender, bumper (am.)
3. door
4. headlight
5. indicator light, turn signal light (am.)
6. number plate / license plate (am.)
7. rear lights
8. rearwindow
9. roof
10. roof rack
11. tyre, tire (am.)
12. windshield, windscreen (am.)
13. mirror
14. wing

1. mirror
2. accelerator pedal
3. brake pedal
4. clutch pedal
5. dashboard
6. seat
7. door handle
8. gear lever, gear stick (am.)

9. glove comparment
10. hand brake
11. head rest
12. heater
13. horn
14. ignition
15. safety belt
16. speedometer
17. steering wheel

BICYKL

Problémy s bicyklem

Píchl jsem pneumatiku.	My tyre is flat. *Maj taja iz flet.*
Nefunguje...	The... does not work. *D... das not verk*
... brzda	brake *brejk*
... světlo	light *lajt*
... převodovka	gear changer / gear shift *gér čenžr / gér šift*
Potřebuji nové...	I need a new... *Aj nýd e njú...*
... přední / zadní kolo	... front / rear wheel *... front / rír víl*
... sedadlo	... seat *... sít*
... světlo	... light *... lajt*

1. bell
2. brake
3. brake cable
4. brake lever
5. rack
6. chain
7. axle
8. dynamo
9. spokes
10. inner tube
11. tyre, tire (am.)

12. front lamp
13. gear changer, gear shift
14. sprocket
15. rear lamp
16. valve
17. saddle
18. pump
19. frame
20. handlebars
21. mudguard, fender (am.)

Některé důležité dopravní značky (USA)

ONE WAY	**JEDNOSMĚRNÁ SILNICE**
TOW AWAY ZONE	**NEPARKOVAT, ODTAHOVÁ ZÓNA**
HUMP	**ZPOMALOVACÍ HRBOL**
SPEED LIMIT	**MAXIMÁLNÍ RYCHLOST**
GIVE A WAY / YIELD	**DEJ PŘEDNOST**
DEAD END	**SLEPÁ ULICE**
NO PARKING	**ZÁKAZ PARKOVÁNÍ**
ROAD / BRIDGE CLOSED	**SILNICE / MOST UZAVŘENA**
ROAD / BRIDGE UNDER CONSTRUCTION	**SILNICE / MOST VE VÝSTAVBĚ**
ONLY FOR RESIDENTS	**POUZE PRO RESIDENTY**
TOLL	**MÝTNÉ**
EXIT	**SJEZD**
JUNCTION / INTERSECTION	**KŘIŽOVATKA**
RAIL CROSSING	**ŽELEZNIČNÍ PŘEJEZD**
SLOW DOWN	**ZPOMAL!**

KAM NA VÝLET

Otázky na cestu

Jak se dostanu do...?
How can I get to...?
Hau ken aj get tu...?

Kterým směrem je...?
Which direction is...?
Vič dajrekšn iz...?

Jdu správným směrem do...?
Is this the right direction to...?
Iz dis d rajt dajrekšn tu...?

Jak daleko je to do...?
How far is it to...?
Hau fár iz it tu...?

Je to lepší pěšky nebo autem?
Is it better to walk or go by car?
Iz it betr tu vók ór gou baj kár?

Kde je tohle?
Where is this?
Vér iz dis?

Ukažte mi, prosím, kde právě jsem.
Please show me where I am now.
Plíz šou mí vér aj em nau.

Doporučil byste mi nějaké památky?
Could you recommend some sights?
Kud ju rekomend sam sajts?

Nejdůležitější orientační body

Cesta
Road, way
Roud, vej

Dům
House
Haus

hora
mountain
mauntin

jezero	lake *lejk*
kopec	hill *hil*
les	forest, wood (am.) *forist, vud*
louka	meadow *medou*
moře	sea *sí*
most	bridge *brič*
pěšina	path *pát*
pole	field *fíld*
pramen	spring *sprink*
průsmyk	pass *pés*
rybník	pond *pont*
řeka	river *rivr*
statek	farm *fám*
údolí	valley *veli*
útes	cliff *klif*
vesnice	village *vilič*

vinice	vineyard
	vajnjád
vodopád	waterfall
	vótrfol
vrchol	peak
	pík
zahrada	garden
	gádn
zeď	wall
	vól

Prohlídka památek

Kde jsou turistické informace?	Where is the tourist information office?
	Vér iz d turist informejšn ofis?
Kde jsou nějaká zajímavá místa?	Are there any interesting places around here?
	Ár dér eny interestink plejsis eraund hír?
Velice mě zajímá...	I am really into...
	A em rili intu...
Jaké je vstupné?	How much is the admission?
	Hau mač iz dí edmišn?
Máte nějaké slevy pro...	Do you have a discount for...
	Du ju hef e diskaunt fór...
... studenty	... students
	... stjúdents
... děti	... children
	... čildren
... tělesně postižené	... disabled
	... disejbld

... důchodce	... retired *... ritájrd*
... skupiny?	... groups *... grúps*
... rodiny	... family *... famili*
Je prohlídka s průvodcem?	Is it a guided tour? *Is it e gajdyd túr?*
V jakém jazyce se provádí?	What language is the tour in? *Vot lengvič iz d túr in?*
Jak dlouho prohlídka trvá?	How long does the tour take? *Hau long das d kórs tejk?*
V kolik hodin prohlídka končí?	At what time does the tour end? *Et vot tajm das d túr end?*
Máte, prosím, katalog?	Do you have a catalogue? *Du ju hev e kalaloug?*
Dejte mi... vstupenky.	Give me... ticket(s). *Giv mí... tykit(s).*
Máte pohlednice?	Do you have postcards? *Du ju hev poustkards?*
Mohu zde fotografovat?	Can we take photos here? *Ken ví tejk foutous hír?* Can we photograph here? *Ken ví foutogref hír?*
Z jakého století je to?	What century is this from? *Vot senčri iz dis from?*
Čí je to pomník?	Whose monument is this? *Hús monjument iz dis?*

Pamětihodnosti a další možné turistické cíle

amfiteátr	amphitheatre *emfityetr*
botanická zahrada	botanical garden *botanikal gárden*
budova	building *bildynk*
budova parlamentu	parliament building *párliment bildynk*
divadlo	theatre *tyetr*
fontána	fountain *fauntyn*
galerie	gallery *gelery*
hrad	castle *kásl*
hrobka	grave *grejv*
hřbitov	graveyard / cemetery *grejvjárd / semitri*
jeskyně	cave *kejv*
kanál	channel *čenl*
kaple	chapel *čepl*
kaplička	chapel *čepl*
katakomby	catacombs *katakombs*

katedrála	cathedral *ketydrl*
kino	cinema, movie theater (am.) *cinema, múví tyetr*
klášter	monastery *manastery*
knihovna	library *lajbrery*
kostel	church *čéč*
les	forest, wood (am.) *forist, vud*
maják	lighthouse *lajthause*
molo	pier *pír*
most	bridge *bridž*
muzeum	museum *mjusíjm*
nábřeží	embankment *embenkment*
náměstí	square *skué*
obora	preserve *prizérv*
opatství	abbey *eby*
ostrov	island *ajlend*
palác	palace *pelis*

památník	monument *monjument*
park	park *párk*
pasáž	passage *pesidž*
pěší zóna	pedestrian zone *pedestrian zoun*
pevnost	fortress *fótris*
planetárium	observatory *abzervatory*
pláž	beach *bíč*
poloostrov	peninsula *peninsula*
pomník	memorial *memorial*
pouť	country fair *kauntri fé*
přístav	harbour, harbor (am.) *hárbr*
radnice	town hall, city hall (am.) *taun hól, sity hól*
rozhledna	outlook-tower *autluk taur*
řeka	river *rivr*
sad	orchard *orčárd*
socha	sculpture *skalpčr*

trh	market place	*márket plejs*
turistická stezka	trail	*trejl*
ulice	street	*strít*
ulička	lane	*lejn*
univerzita	university	*junivésity*
věž	tower	*taur*
výstava	exhibition	*ekshibišn*
zábavní park	amusement park	*emjúsment pák*
zámek	chateau	*šató*
zoologická zahrada	zoo	*zjú*
zřícenina	ruins	*ruins*

KULTURA

Koncert, divadlo, kino, výstava

Máte kulturní přehled na tento měsíc?	Do you have a list / catalogue of cultural events?
	Du ju hev e list / katalog of kalčlrl ívnts?
Rád bych viděl něco zajímavého.	I would like to see something interesting.
	Aj vud lajk tu sí samtink interestink.
Dávají něco zajímavého v...?	Is there anything interesting in...?
	Is dé enytink interestink in...?
Doporučil byste mi něco?	Could you recommend something?
	Kud ju rekomend mí samtink
Co je to za...?	What kind of... is it?
	Vot kajnd of... iz it?
... koncert	... concert
	... koncrt
... hru	... play
	... plej
... film	... film
	... film
... výstavu	... exhibition?
	... ehibišn?
Kdo to napsal?	Who is the author?
	Hú iz dý ótr?
Kdo v tom hraje?	Who plays in it?
	Hú plejs in it?

Kdo to režíruje?	Who directs it? *Hú dajrekts it?*
Kdy představení začíná?	When does it begin? *Ven das it bigin?*
Musím si rezervovat vstupenku?	Do I have to book the ticket? *Du aj hev tu buk d tikit?*
Chci vstupenku na dnes / zítra od… hodin.	I want a ticket for today / tomorrow from… o´clock. *Aj vont e tikit fór tumorou from… o klok.*
Je to v originálním znění?	Is the film in its original version? *Iz d film in its oridžinl véržn?*
Dejte mi… lístek (lístky).	Give me… ticket(s). *Giv mi… tykit(s).*
Je zde občerstvení?	Is there a refreshment room around here? *Iz dér e refrešment rúm eraund hír?*
Kde najdu toalety?	Where can I find the toilets? *Vér ken aj fajnd d toilets?*
Kde je šatna?	Where is the cloakroom? *Vér iz d kloukrúm?*
Máte program k představení?	Do you have a program? *Du ju hev e prougrem?*
Máte katalog?	Do you have a catalogue? *Du ju hev e kataloug?*
Je možné si ho koupit?	Can we get a catalogue? *Ken ví get e kataloug?*
Je možné půjčit si kukátko?	Could we rent an opera-glass? *Kud ví rent en opera glás?*

Jsou tam místa pro invalidy?

Are there seats for disabled there?
Á dér síts fór disejbld dér?

SPORT

Sport

Kde je, prosím, nějaký (ká, ké)...?	Where is a... ? *Vér iz e... ?*
Zajímám se o...	I am interested in... *Aj em interestid in...*
Kde si můžeme nejblíž zasportovat?	Where could we exercise around here? *Vér kud ví eksesajz eraund hír?*
Je to blízko?	Is it close? *Iz it klouz?*
Kde je možné si půjčit vybavení?	Where can we hire / rent (am.) equipment? *Vér ken ví haja / rent ikuipment*
Je možné si najmout instruktora?	Could we hire an instructor? *Kud ví haja en instraktr?*
Kolik to stojí?	How much does it cost? *Hau mač daz it kost?*
Platí se vstupné?	Is there an admission fee there? *Is dér en edmišn fí dér?*
Kolik to stojí na hodinu / den / jízdu?	How much is it an hour / a day / a ride? *Hau mač iz it en aur / e dej / e rajd?*
Kudy se dostanu na pláž?	How can I get to the beach? *Hau ken aj get tu d bíč?*
Je písečná nebo kamenitá?	Is it sandy or stony? *Is it sendy ór stouny?*

Je možné se tu koupat / potápět?	Is swimming / diving allowed here?
	Iz svimink / dajvink elaud hír?
Je na pláži plavčík?	Is there a life-guard on the beach?
	Iz dér e lajf-gárd on d bíč?
	Is the beach life-guarded?
	Iz d bíč lajf-gárdid?
Smí tam psi?	Are dogs allowed there?
	Á dogs elaud dér?
Je tam občerstvení?	Are there any refreshment stands there?
	Á dér any refrešment stends dér?
Kde si můžeme pronajmout...?	Where can we hire / rent...?
	Vér ken ví haja / rent...?
Dá se poblíž rybařit?	Could we fish there?
	Kud ví fiš dér?
Potřebuji k tomu povolení?	Do I need permission to do it?
	Du aj nýd permišn tu dú it?
Jsou tu někde turistické / cyklistické stezky?	Are there (cycling) trails around here?
	Ár dér (sajklink) trejls eraund hír?
Není to nebezpečné?	Is it dangerous?
	Iz it dejndžeres?
Je tu někde sjezdovka?	Is there a ski slope around?
	Iz dér e ski sloup eraund?
Jsou tu vleky?	Are there ski tows / lifts here?
	Ár dér ski tous / lifts hír?
Je sjezdovka vhodná pro...	Is the slope suitable for...
	Is d sloup sútabl for...

... začátečníky	for beginners *fór beginrs*
... průměrné lyžaře	for intermediate skiers? *fór intrmídijejt skijrs?*
... zdatné lyžaře?	for skilled skiers? *fór skild skijrs?*

Názvy míst vhodných ke sportování a rekreaci

automobilový okruh	racecourse *rejskórs*
bazén	swimming pool *svimink púl*
cyklistická stezka	cycling trail *sajklink trejl*
golfové hřiště	golf course *golf kórs*
hala	hall *hól*
hala na squash	squash court *skvoš kórt*
hory	mountains *mauntins*
hřiště	playground *plejgraund*
kuželna	ninepin hall / bowling alley *najnpin hól / bouling ely*
lanovka	cable railway *kejbl rejlvej*
lyžařská trať	ski trail *ski trejl*

lyžařský vlek	ski tow / ski lift	
	ski tou / ski lift	
pláž	beach	
	bíč	
plovárna	swimming pool	
	svimink púl	
posilovna	body building club	
	body bildink klab	
půjčovna...	rental...	
	rentl...	
... kol	bike rental	
	bajk rentl	
... kolečkových bruslí	roller skate rental	
	roulr skejt rentl	
... lodí	boat rental	
	bout rentl	
... lyží	ski rental	
	ski rentl	
... potápěčského vybavení	scuba rental	
	skúba rentl	
stadión (baseball, kopaná)	stadium (baseball, soccer)	
	stejdium	
tenisový kurt	tennis court	
	tenis kórt	
turistická stezka	trail	
	trejl	
zimní stadión	ice rink	
	ajs rink	

Sporty

atletika	athletics *atletyks*
automobilové závody	car racing *kár rejsink*
badminton	badminton *bedmintn*
cyklistika	cycling *sajklink*
dostihy	horse racing *hós rejsink*
fotbal	soccer *sokr*
golf	golf *golf*
gymnastika	gymnastics *džimnastyks*
hokej	ice hockey *ajs hokí*
horolezectví	climbing *klajmink*
jezdectví	horse riding *hós rajdynk*
košíková	basketball *basketból*
krasobruslení	figure skating *figr skejtink*
kuželky	ninepins / bowling *najnpins / bouling*
lyžování (sjezdové)	downhill skiing *daunhil skíjink*

lyžování (na běžkách)	cross country skiing *kros kauntri skíjink*
plavání	swimming *svimink*
rybolov	fishing *fišink*
skoky na lyžích	ski jumping *ski džampink*
squash	squash *skvoš*
tenis	tennis *tenis*

ZDRAVÍ

Zdravotní fráze

Zavolejte, prosím, lékaře.	Call a doctor, please. *Kól e doktr, plíz.*
Necítím se dobře.	I do not feel well. *Aj du not fíl vel.*
Bolí mě...	I have... *Aj hev...*
... zuby	... a toothache *... tútejk*
... hlava	... a headache *... hedejk*
... u srdce	... heart pain *... hárt pejn*
... žaludek	... a stomachache *... stomakejk*
... žlučník	I have a pain in the gall-blader *Aj hev e pejn in d golbledr*
... v zádech	... a backache *... bekejk*
... noha	My leg hurts *My leg hérts*
Zvracel jsem.	I vomited. *Aj vomitid.*
Měl jsem vysokou teplotu.	I had a fever. *Aj hed e fívr.* I had a high temperature. *Aj hed e haj tempričr.*

Řízl jsem se.	I cut myself.
	Ij kat majself.
Upadl jsem.	I fell.
	Aj fel.
Jak se dostanu do nemocnice?	How can I get to the hospital?
	Hau ken aj get tu d hospitl?
Mám vyrážku.	I have a rash.
	Aj hev e reš.
Mám závratě.	I feel dizzy.
	Aj fíl dizi.
Mám průjem.	I have diarrhoea.
	Aj hev dajoria.
Pálí mne oči.	My eyes burn.
	Maj ajz bérn.
	My eyes are smarting.
	Maj ajz ár smartink.
Vymknul jsem si kotník.	I twisted my ankle.
	Aj tvistyd maj enkl.
	My ankle is twisted.
	Maj enkl iz tvistyd.
Je to vážné?	Is it serious?
	Iz it sirius?
Máte nějaký lék na...	Do you have medicine for...
	Du ju hef e medsin fór...
Budu muset do nemocnice?	Do I have to go to hospital?
	Du aj hev to gou tu hospitl?
Chcete vidět moje pojištění?	Do you want to see my insurance card?
	Du ju vont tu sí maj inšúrens kárd?
Kde dostanu léky?	Where can I get the medicine?
	Vér ken aj get d medsin?

Budu muset platit hotově?	Do I have to pay in cash? *Du aj hev tu pej in keš?*
Potřebuji prášky na...	I need drugs for... *I need drags fór...*
Pokousal mě pes.	I have been bitten by a dog. *Aj hev bin bitn baj e dog.*
Uštkl mě had.	I have been bitten by a snake. *Aj hev bin bitn baj e snejk.*
Dostal jsem žihadlo.	I have been stung. *Ia hev bin stunk.*
Mám srdeční chorobu.	I have a heart disease. *Aj hev e hárt dizís.*
Jsem...	I am... *Aj em...*
... astmatik	... asthmatic *... astmatik*
... diabetik	... diabetic *... dajabetik*
... HIV pozitivní	... HIV positive *... ejč aj ví pozitiv*
... hemofilik	... haemophiliac *... hemofíliak*
Jsem alergický na...	I am allergic to... *Aj am alerdžik tu...*
Jsem... měsíců těhotná.	I am ... months pregnant. *Aj am ... monts pregnant.* I have been pregnant for... months. *Aj hev bin pregnant fór... mants.*

Momentálně beru prášky.	I am on medication.
	Aj em on medikejšn.
	I take medicals at the moment.
	Aj tejk medikls et d moument.
Již jsem měl infarkt.	I have already had a heart attack.
	Aj hev ólredy hed e hárt etek.
Poslední dobou mám potíže.	I have been having troubles lately.
	Aj hev bín hevink trabls lejtly.
Krvácím.	I am bleeding.
	Aj am blídink.
Uhodil jsem se.	I hit myself.
	Aj hit majself.
Mám něco v oku.	I have something in my eye.
	Aj hev samtink in maj áj.
To bolí.	It hurts.
	It hérts.
Potřebuji antikoncepční tabletku.	I need contraceptives.
	Aj nýd kontraseptiv.
	I need the pill.
	Aj nýd e pil.
	I need a pill after.
	Aj nýd e pil áftr.
Dítě něco spolklo / snědlo.	The child swallowed something.
	D čajld svoloud samtink.

Mám kůži popálenou od slunce.	I am sunburnt.
	Aj em sanbárnt.
	My skin is burned by the sun.
	Maj skin iz bérnd baj d san.
Nemohu usnout.	I cannot fall asleep.
	Aj kenot fól eslíp.

Seznam některých těžkostí

rýma	cold
	kould
kašel	cough
	kaf
senná rýma	hay fever
	hej fívr
kousnutí	bite
	bajt
úžeh	sunstroke
	sanstrouk
závrať	dizzy
	dizi
žaludeční potíže	stomach ache
	stoumek ejk
vyrážka	rash
	reš
chřipka	influenza
	influenza

1. head
2. neck
3. shoulders
4. arms
5. armpit
6. chest
7. upper arm
8. forearm
9. fingers
10. waist
11. buttocks
12. calf
13. elbow
14. breasts
15. palm (hand)
16. leg
17. thigh
18. knee
19. shin
20. ankle

1. head
2. neck
3. hair
4. eyebrow
5. forehead
6. eye
7. nose
8. lips
9 chin
10. mouth
11. ear

V NOUZI

Nouzové fráze

Pomoc!	Help! *Help!*
Zavolejte policii!	Call the police! *Kól d polís!*
Neobtěžujte mě!	Do not bother me! *Du not bodr mí!*
Zavolejte lékaře!	Call the doctor! *Kól d doktr!*
Hoří!	Fire! *Faja!*
Zloděj!	Thief! *Tíf!*
Stala se mi nehoda.	I had an accident. *Aj hed en eksident.*
Pohřešuji přítele / přítelkyni.	My friend is missing. *Maj frand iz misink* I am missing a friend of mine. *Aj em misink e frend of majn.*
Pohřešuji dítě.	My child is missing. *Maj čajld iz misink.* I am missing my child. *Aj em misink maj čajld.*
Můžete mi pomoci?	Can you help me? *Ken ju help mí?*

Ztratil jsem se.	I am lost. *Aj em lost.* I have lost the way. *Aj hev lost d vej.*
Běžte pryč!	Go away! *Gou evej!* Get lost! *Get lost!*

Policie

Kde je, prosím, policejní stanice?	Where is a police station? *Vér iz e polís stejšn?*
Okradli mě!	I have been robbed! *Aj hev bin rabd*
Ukradli mi...	My... has been stolen. *Ma j... hez bin stoulen.*
... pas	passport *pásport*
... kabelku	purse *pérs*
... tašku / kufr	bag / case *beg / kejs*
... auto	... car *... kár*
Byla jsem znásilněna / přepadena.	I have been raped / assaulted. *Aj hev bin rejpt / esóltid.*
Byl(a) jsem svědkem zločinu / nehody.	I have witnessed a crime / accident. *Aj hev vitnesed e krajm / eksident.*

TELEFONOVÁNÍ

Je někde poblíž telefonní budka?
Is there a telephone booth somewhere around?
Iz dér e telefoun bút samvér eround?

Dá se odsud telefonovat?
May I call from here?
Mej aj kól from hír?

Máte telefonní seznam?
Do you have a telephone directory?
Du ju hev a telefoun dajrektory?

Haló?
Hello
Helou

Můžete mi dát číslo...
Could you give me the number...
Kud ju giv mí d nambr...

Můžete mi dát spojovatelku?
Could you give me the operator?
Kud ju giv mí dí operejtr?

Chtěl bych volat na účet volaného.
I would like to call collect.
Aj vud lajk tu kól kolekt.

Promiňte, nerozumím.
I am sorry, I do not understand.
Aj em sorry, aj du not andrstend.

Můžete mluvit pomaleji?
Could you speak more slowly, please?
Kud ju spík mór slouly, plíz?

Mohu nechat vzkaz pro...?
May I leave a message for...?
Mej aj lív e mesič fór?

Můžete mi předat... ?
Could you give me... ?
Kud ju giv mí... ?

Neslyším, mluvte hlasitěji. I cannot hear you, could you speak louder?
Aj kenot hír ju, kud ju spík laudr?

Promiňte, omyl. Sorry, wrong number.
Sory, rong nambr.

ČESKO–ANGLICKÝ SLOVNÍČEK

a	and	*end*
acylpyrin	aspirin	*asprin*
adresa	address	*édres*
AIDS	AIDS	*eids*
ale	but	*bat*
alergický šok	allergic shock	*alerdžik šok*
alergie	allergy	*alerdži*
alergolog	allergist	*alerdžist*
alkohol	alcohol	*alkohol*
ambasáda	embassy	*embasi*
Američan	American	*emerikn*
Amerika	America	*amerika*
analgetikum	analgetic	*analgetik*
ananas	pineapple	*pajnepl*
angína	tonsilitis	*tonsilajtis*
Angličan	Englishman	*inglišmen*
Anglie	England	*inglend*
ano	yes	*jes*
antibiotikum	antibiotic	*antibajotik*
antikoncepce	contraception	*kontracepšn*
aperitiv	aperitif	*eperitif*
aréna	arena	*erína*
architektura	architecture	*ákitekčr*
Atlantský oceán	Atlantic ocean	*atlantik oušn*
Australan	Australian	*óstrejlijan*
Austrálie	Australia	*óstrejlija*
auto	car, automobile (am.)	*kár, ótomobíl*
autobus	bus	*bas*
autobusové nádraží	bus station	*bas stejšn*
autoopravna	garage, car repair	*garáž, kár ripér*

b

babička	grandmother	grendmadr
balet	ballet	balej
balkón	balcony	belkny
banán	banana	banana
bandáž	bandage	bandáž
banka	bank	benk
bankovka	bank note, bill (am.)	benk nout, bil
bar	bar	bár
barevný	colourful	kalrful
barva	colour, color (am.)	kalr
basketbal	basketball	baskitból
batoh	backpack	bekpek
bavlna	cotton	katn
běh	run	ran
během	during	djúring
Belgičan	Belgian	beldžian
Belgie	Belgium	beldžium
benzín	petrol, gasoline (am.)	petrol, gesolín
bez	without	vidaut
bezolovnatý	unleaded	anledyd
bezpečnost	safety	sejfty
bezpečný	safe	sejf
běžet	to run	tu ran
bicykl	bicycle	bajsikl
bikiny	bikini	bikíny
bílý	white	vajt
blahopřání	congratulations	kongrétulejšns
blízko	close	klouz
blok	block	blok
blondýna	blonde	blond
blůza	blouse	blaus

bohužel	unfortunately	*anfóčnetly*
bóje	buoy	*bój*
bok	hip	*hip*
bolest	pain	*pejn*
bonbón	sweet, candy (am.)	*svít, kéndy*
botanická zahrada	botanical garden	*botanikl gárden*
boty	shoes	*šús*
bouře	storm	*stórm*
bramborová kaše	mashed potatoes	*mešt potejtous*
brambory	potatoes	*potejtous*
brána	gate	*gejt*
bratr	brother	*bradr*
bronchitida	bronchitis	*bronchitys*
bronz	bronze	*bronz*
broskev	peach	*píč*
brouk	beetle	*bítl*
brožura	brochure	*broučr*
brýle	glasses	*glásis*
brzda	brake	*brejk*
brzo	soon	*sún*
budík	alarm clock	*alárm klok*
budova	building	*bildynk*
bunda	jacket	*džekit*
bylinkový čaj	herbal tea	*herbl tý*
byliny	herbs	*hérbs*
byt	flat, apartment (am.)	*flet, epártment*

c

CD	CD, compact disc	*sí dí, kompakt disk*
celkem	altogether	*óltugetr*
celní kontrola	customs clearance	*kastms klírens*

celnice	customs	*kastms*
cena	price	*prajs*
centrum	centre, center (am.)	*sentr*
cesta	road	*roud*
cesta (způsob)	way	*vej*
cestovat	to travel	*tu trevl*
cestující	passenger	*pésindžr*
cibule	onion	*onion*
cigareta	cigarette	*sigaret*
cíl	finish, goal	*finiš, goul*
cítit	to smell	*tu smel*
cítit (pocit)	to feel	*tu fíl*
citrón	lemon	*lemon*
cizí	foreign	*forin*
co	what	*vot*
cuketa	zucchini (am.)	*cukíny*
cukr	sugar	*šugr*
cukrovka	diabetes	*daibetes*
cvičení	training	*treinink*
cvičení (nacvičování)	rehearsal	*rihérsl*
cyklista	cyclist	*sajklist*
cyklistická stezka	bicycle route	*bajsikl rut*

č

čaj	tea	*tý*
čára	line	*lajn*
čas	time	*tajm*
částka	amount	*emaunt*
často	often	*eften*
Čech	Czech	*ček*
čekat	to wait	*to vejt*
čepice	hat	*het*

černobílý	black and white	*blek end vajt*
černý	black	*blek*
čerpací stanice	petrol station, gas station (am.)	*petrol stejšn, gés stejšn*
čerstvý	fresh	*freš*
česat	to comb	*to kom*
Česká republika	Czech Republic	*ček ripablik*
český	Czech	*ček*
česnek	garlic	*gárlik*
Čína	China	*čajna*
Číňan	Chinese	*čajnýz*
číslo	number	*nambr*
čistit	to clean	*tu klín*
čistý	clean	*klín*
číst	to read	*turíd*
číšník	waiter	*vejtr*
čočka	lentil	*lentil*
čokoláda	chocolate	*čoklit*
čtvrť	quarter	*kvótr*

d

daleko	far	*fár*
dálnice	motorway, highway (am.)	*motorvej, hajvej*
Dán	Dane	*dejn*
Dánsko	Denmark	*denmark*
dárek	present, gift	*preznt, gift*
datum	date	*dejt*
dcera	daughter	*dótr*
děda	grandfather	*grendfádr*
deka	blanket	*blénkit*
dělat	to make, to do	*tu mejk, tu dú*
délka	length	*lengt*

den	day	*dej*
denně	daily	*dejli*
deodorant	deodorant	*diodorant*
desinfekce	disinfection	*dizinfekšn*
deštník	umbrella	*ambrela*
déšť	rain	*rejn*
dezert	sweet course, dessert (am.)	*svít kórs, dizért*
diagnóza	diagnosis	*dajagnouzis*
diamant	diamond	*dajmond*
dieta	diet	*dájet*
díky	thanks	*tenks*
díl	part	*párt*
diskotéka	disco	*diskou*
dítě	child, kid (am.)	*čajld, kid*
divadlo	theatre, theater (am.)	*tietr*
dívka	girl	*gérl*
dlouho	long	*long*
dnes	today	*tudej*
do (místně)	to	*tu*
do (časově)	till	*til*
dobrý	good, well	*gud, vel*
dobře	good, fine	*gud, fajn*
dohromady	altogether	*óltugedr*
doktor	doctor	*doktr*
dole	below	*bilou*
doma	at home	*at houm*
domácí	home	*houm*
domluvit	to arrange	*tu erejndž*
dopis	letter	*letr*
doporučit	to recommend	*tu rikomend*
doprava	traffic	*trefik*
dopravní zácpa	traffic jam	*trefik džem*

d

dopravní značka	traffic sign	*trefik sajn*
doručit	to deliver	*tu delivr*
dost	enough	*enaf*
doutník	cigar	*sigár*
dovolená	holidays, vacation (am.)	*holidejs, vekejšn*
drogerie	drugstore	*dragstór*
druhý	second	*seknd*
držet	to keep	*tu kíp*
držet (fyzicky)	to hold	*tu hold*
dřevo	wood	*vúd*
důchod	retirement	*ritajrment*
dům	house	*haus*
důvěrný	intimate	*intimejt*
dveře	door	*dór*
dvojitý	double	*dabl*
dýchat	to breathe	*tu brít*
dýmka	pipe	*pajp*
džus	juice	*džús*

e

ekonomický	economical	*ekonomikl*
ekonomika	economics	*ekonomiks*
ekzém	eczema	*ekzéma*
elektrárna	power station	*paur stejšn*
elektřina	electricity	*elektrisity*
e-mail	e-mail	*ímejl*
email, glazura	enamel	*eneml*
ementál	Swiss cheese	*svis číz*
erotika	erotic	*erotik*
espreso	espresso	*espreso*
Evropa	Europe	*jurop*
existovat	to exist	*tu ikzist*

exkurze	excursion	*ikskéršn*
expres (vlak)	express	*ikspres*
expresní zásilka	express shipment	*ikspres šipment*

f

facka	smack	*smek*
fakulta	faculty	*feklty*
fanoušek	fan	*fan*
farmář	farmer	*fármr*
fazole	bean	*bín*
fialový	violet	*vajlit*
filharmonie	philharmonic orchestra	*filharmonik ókestra*
filtr	filter	*filtr*
Fin	Finn	*fin*
finále	final	*fajnl*
Finsko	Finland	*finland*
firma	firm	*férm*
flétna	flute	*flút*
folklór	folklore	*folklór*
fontána	fountain	*fauntin*
formulář	form	*fórm*
fotbal	football, soccer (am.)	*futból, sakr*
fotoamatér	amateur photographer	*amatér foutogrefr*
fotoaparát	camera	*kémra*
fotografie	snapshot, photograph (am.)	*snepšot, foutogref*
frak	tuxedo, dinner--jacket (am.)	*taxídou, dinr džekit*
Francie	France	*fráns*
Francouz	French	*frenč*

fráze	phrase	*frejz*
fronta	queue, line (am.)	*kjú, lajn*
fungovat	to operate	*tu operejt*
fyzický	physical	*fizikl*

g

galerie	gallery	*galeri*
garáž	garage	*garáž*
golf	golf	*golf*
gól	goal	*goul*
gratulovat	to congratulate	*tu kongrátjulejt*
grilovat	to grill	*tu gril*
grog	grog	*grog*
groteska	grotesque	*grotesk*
guláš	goulash	*gulaš*
guma	rubber	*rabr*
gymnázium	grammar school	*gremr skúl*
gynekolog	gynaecologist	*gajnekolodžist*
gynekologická ordinace	gynaecologic surgery, gynaecologist's office	*gajnekolodžik sérdžry, gajnekolodžists ofis*

h

háček	hook	*húk*
had	snake	*snejk*
hádka	quarrel	*kvorl*
hala	hall	*hól*
halena	blouse	*blaus*
hangár	hangar	*hangr*
hasicí přístroj	fire extinguisher	*fajr ikstinguišr*
hasič	fireman, firefighter	*fajrmen, fajrfajtr*
házená	handball	*hendból*

f
g
h

hendikep	handicap	*hendykep*
heslo	key word	*kí vórd*
hezký	nice	*najs*
hlad	hunger	*hangr*
hlas	voice	*vois*
hlasitý	loud	*laud*
hláskovat	to spell	*tu spel*
hlava	head	*hed*
hledat	to look for	*tu luk fór*
hledět	to see	*tu sí*
hlen	phlegm	*flegm*
hluboký	deep	*dýp*
hluchý	deaf	*def*
hluk	noise	*nois*
hmyz	insect	*insekt*
hnědý	brown	*braun*
hněv	anger	*engr*
hodina	hour	*aur*
hodiny	clock, watch	*klok, voč*
hodit	to throw	*tu trou*
hodnota	value	*velju*
homosexuál	homosexual	*homoskšul*
hora	mountain	*mauntin*
horečka	fever	*fívr*
hořčice	mustard	*mastrd*
hořký	bitter	*bitr*
hospoda	pub	*pab*
hotel	hotel	*hotel*
hotovost	cash	*keš*
houba	mushroom	*mašrúm*
houska	roll	*rol*
housle	violin	*vajlin*
hovězí (maso)	beef	*bíf*
hra	game	*gejm*

h

hračka	toy	*toj*
hrad	castle	*kásl*
hranice	border	*bódr*
hranolky	chips, French fries (am.)	*čips, frajs*
hrášek	peas	*pís*
hrneček	cup	*kap*
hrob	grave	*grejv*
hrtan	larynx	*larynks*
hrubý	rough	*raf*
hrudník	chest	*čest*
hruška	pear	*pír*
hřbitov	graveyard, cemetery	*grejvjárd, semitri*
hřeben	comb	*kaum*
hudba	music	*mjúzik*
humor	humour, humor (am.)	*hjúmr*
hygiena	hygiene	*hajdžín*
hymna	anthem	*éntm*

ch

chalupa	cottage	*kotidž*
chata	cottage	*kotidž*
chemie	chemistry	*kemistry*
chladicí	cooling	*kúling*
chladicí box	cooling box	*kúling box*
chladnička	refrigerator	*refridžerejtr*
chlapec	boy	*boj*
chléb	bread	*bred*
chlup	hair	*hér*
chobotnice	octopus	*oktopus*
chodba	aisle, hallway	*eil*
chodit	to walk	*tu vók*

chodník	pavement, sidewalk (am.)	*pejvment, sajdvók*
Chorvat	Croat	*krouet*
Chorvatsko	Croatia	*krouejšia*
chrám	temple	*templ*
chřipka	influenza, flu (am.)	*inflúenza, flu*
chtít	to want	*tu vont*
chutný	delicious	*deliš*
chuť	taste	*tejst*
chyba	mistake	*mistejk*
chystat	to prepare	*to pripér*
chytit	to catch	*tu keč*
chytrý	clever, smart (am.)	*klevr, smárt*

**ch
i**

i

i	even	*ívn*
ilegální	illegal	*ilígl*
imitace	imitation	*imitejšn*
infarkt	heart attack	*hárt etek*
informace	information	*informejšn*
injekce	injection	*indžekšn*
inscenace	staging	*stejdžing*
instruktor	instructor	*instraktr*
inteligentní	intelligent	*intelidžent*
interiér	interior	*intírior*
interval	interval	*interval*
intimní	intimate	*intimejt*
investice	investment	*investment*
inzerát	advertisement	*edvértisment*
Ir	Irish	*ajriš*
Irsko	Ireland	*ajrlend*
izolace	insulation	*insulejšn*

j

jablko	apple	epl
jahoda	strawberry	stróbery
jachta	yacht	jót
jak	how	hau
jako	like	lajk
jaro	spring	spring
jazyk	tongue	tang
jazyk (řeč)	language	lengvidž
já	I, me	aj, mí
játra	liver	livr
jed	poison	poisn
jeden	one	uan
jednoduchý	simple	simpl
jedovatý	poisonous	poisns
jehla	needle	nýdl
jehněčí	lamb	lem
jeho	his	his
jejich	their	deir
jemný	mild	majld
jemu	to him	tu him
jeskyně	cave	kejv
jezero	lake	lejk
jídelna	dining room	dajning rúm
jídelníček	menu	meny
jídlo	food	fúd
jih	south	saut
jiný	other	adr
jistě	sure	šúr
jíst	to eat	tu ít
jít	to walk	tu vók
jízdenka	ticket	tykit
jízdní řád	timetable, schedule (am.)	tajmtejbl, skedžl

jód	iodine	*ajodýn*
jogurt	yoghurt	*jogurt*
Jugoslávec	Yugoslavian	*jugoslavijn*
Jugoslávie	Yugoslavia	*jugoslavija*

k

k (ke)	to	*tu*
kabaret	cabaret	*kabarej*
kabát	coat	*kout*
kabelka	purse, handbag (am.)	*pérs, hendbeg*
kabina	cabin	*kebin*
kadeřník	hairdresser	*hérdresr*
kakao	cocoa	*kokou*
kalendář	calendar	*kelendr*
kalhotky	panties	*pantýs*
kalhoty	trousers, pants (am.)	*trausrs, pants*
kamna	stove	*stouv*
Kanada	Canada	*keneda*
Kanaďan	Canadian	*kenejdijn*
kanál	channel	*čenl*
kancelář	office	*ofis*
kánoe	canoe	*kenú*
kapat	to drip	*tu drip*
kapesník	handkerchief	*henkrčíf*
kaple	chapel	*čepl*
kapota	bonnet, hood (am.)	*bonet, hud*
kapr	carp	*kárp*
karavan	caravan	*kereven*
karta	card	*kárd*
kartáč(ek)	brush	*braš*
kartón	carton	*karton*

j
k

kasino	casino	*kesínou*
kašlat	to cough	*to kaf*
katalog	catalogue	*kataloug*
katedrála	cathedral	*ketýdral*
kauce	bail	*bejl*
káva	coffee	*kofí*
kazeta	cassette	*kaset*
kbelík	bucket	*bakit*
kdo	who	*hú*
kdy	when	*ven*
kemp	camping	*kempink*
kino	cinema, movie-theater (am.)	*sinema, múví tietr*
kladivo	hammer	*hemr*
klášter	monastery	*monastery*
kleště	pliers	*plajrs*
klíč	key	*kí*
klimatizace	air-conditioning	*ér kondišnning*
klobouk	hat	*het*
knedlík	dumpling	*dampling*
kniha	book	*buk*
knihkupectví	book shop, bookstore (am.)	*bukšop, bukstór*
knihovna (instituce)	library	*lajbreri*
knihovna	bookshelf	*bukšelf*
knír	moustache	*mustáš*
knoflík	button	*batn*
koberec	carpet	*kárpit*
kočárek	pram, baby carriage (am.)	*prem, bejbi keridž*
kočka	cat	*ket*
kohoutek	tap, faucet (am.)	*tap, fósit*
koláč	cake	*kejk*

k

koleno	knee	*ný*
kolo	wheel	*víl*
kolotoč	carousel	*kerusel*
komedie	comedy	*komedy*
koňak	cognac	*koňak*
koncert	concert	*konsrt*
kondom	condom	*kondom*
kontrola	control	*kontroul*
konzerva	tin, can (am.)	*tin, ken*
konzulát	consulate	*konsjulit*
kopie	copy	*kopi*
kopírka	copy machine	*kopi mešín*
kosmetika	cosmetics	*kosmetiks*
kost	bone	*boun*
kostel	church	*čérč*
kostka	cube	*kjúb*
kostým	costume, suit	*kostjúm, sjút*
košer	kosher	*košer*
kotel	boiler	*boiler*
kotleta (maso)	chop	*čop*
kotník	ankle	*énkl*
koupel	bath	*bát*
koupelna	bathroom	*bátrúm*
koupit	to buy	*tu baj*
kouřit	to smoke	*tu smouk*
kousnout	to bite	*tu bajt*
krab	crab	*kreb*
krabice	box	*box*
krádež	theft	*teft*
král	king	*king*
královna	queen	*kvín*
kravata	tie	*taj*
kreditní karta	credit card	*kredit kárd*
krev	blood	*blad*

k

krk	neck	*nek*
krmit	to feed	*tu fíd*
kromě	except	*iksept*
kruh	circle	*sérkl*
křičet	to shout	*tu šaut*
křižovatka	crossing, intersection	*krosing, inteseкšn*
který	which	*vič*
kudrnatý	curly	*kérly*
kuchař	cook	*kuk*
kuchyně	kitchen	*kičin*
kukuřice	maize, corn (am.)	*mejz, kórn*
kůň	horse	*hórs*
kurs	course	*kórs*
kuře	chicken	*čikn*
kůže	leather	*ledr*
kůže (pokožka)	skin	*skin*
květák	cauliflower	*kouliflaur*
kyselý	sour, acid	*saur, esid*
kytara	guitar	*gitár*

l

láhev	bottle	*botl*
lahodný	delicious	*deliš*
lak	paint	*pejnt*
lampa	lamp	*lemp*
láska	love	*lav*
lastura	shell	*šel*
lavina	avalanche	*evelánš*
lázně	spa	*spa*
ledviny	kidney	*kidny*
legrace	fun	*fan*
lehátko (vlak)	couchette	*kušet*

lehátkový vůz	couchette car	*kušet kár*
lékárna	chemist´s, pharmacy, drugstore (am.)	*kimists, dragstór, fámesi*
lekce	lesson	*lesn*
lék	drug, medicine	*drag, medsin*
lepenka	tar paper	*tá pejpr*
lepidlo	glue	*klú*
lepší	better	*betr*
les	forest, wood (am.)	*forist, vúd*
lesba	lesbian	*lesbijn*
let	flight	*flajt*
letadlo	air plane	*érplejn*
letět	to fly	*tu flaj*
letiště	airport	*érpórt*
léto	summer	*samr*
levný	cheap	*číp*
lež	lie	*laj*
ležet	to lie	*tu laj*
líbat	to kiss	*tu kis*
lidé	people	*pípl*
lichotka	compliment	*kompliment*
likér	liqueur	*likér*
límec	collar	*kolr*
limonáda	lemonade	*lemonejd*
limuzína	limousine	*limusín*
linie	line	*lajn*
literatura	literature	*litričr*
lízátko	lollipop	*lolipop*
loď	boat	*bout*
lopata	shovel	*šavl*
lubrikant	lubricant	*lubriknt*
lžička	spoon	*spún*

l

m

madam	madam	*medem*
Maďar	Hungarian	*hangejrijn*
Maďarsko	Hungary	*hangeri*
magazín	magazine	*megazín*
maják	lighthouse	*lajthaus*
majetek	property	*proprty*
majonéza	mayonnaise	*majonéz*
makrela	mackerel	*makrel*
malina	raspberry	*raspberi*
malý	little	*litl*
manažér	manager	*menedžr*
mandle	almond	*álmond*
manikúra	manicure	*menikjúr*
manžel	husband	*hasbend*
manželka	wife	*vajf*
mapa	map	*mep*
margarin	margarine	*margarín*
marmeláda	jam	*džem*
máslo	butter	*batr*
maso	meat	*mít*
mastný	fat	*fet*
matka	mother	*madr*
měď	copper	*kopr*
mělký	shallow	*šelou*
meloun	watermelon	*vótrmelon*
měna	currency	*karensy*
méně	less	*les*
menstruace	menstruation	*menstruejšn*
meruňka	apricot	*eprikot*
město	town	*taun*
mezi	between	*bitvín*
míč	ball	*ból*

mikrovlnná trouba	microwave oven	*majkrovejv avn*
milenka	lover	*lavr*
milovat	to love	*tu lav*
milý	nice	*najs*
mince	coin	*koin*
místní	local	*loukl*
místnost	room	*rúm*
místo	place	*plejs*
mléko	milk	*milk*
mluvit	to speak	*tu spík*
mnoho	much, many	*mač, meny*
moci	can	*ken*
moč	urine	*jurín*
móda	fashion	*fešn*
modrý	blue	*blú*
moje	my	*maj*
mokrý	wet	*vet*
moped	moped	*mouped*
moře	sea	*sí*
most	bridge	*bridž*
motel	motel	*motel*
motocykl	motorcycle, bike (am.)	*motorcajkl, bajk*
moucha	fly	*flaj*
mouka	flour	*flaur*
možná	maybe	*mejbí*
mrak	cloud	*klaud*
mravenec	ant	*ent*
mrkev	carrot	*kerot*
mrtvý	dead	*ded*
mrznout	to freeze	*tu fríz*
muzeum	museum	*mjusíjm*
my	we, us	*ví, as*

m

myčka	dishwasher	*dišvošr*
mýdlo	soap	*soup*
myslet	to think	*tu tink*
myš	mouse	*maus*

n

na	on	*on*
nabídka	proposal	*propouzl*
nad	above	*abav*
nádor	tumour, tumor (am.)	*tjumor*
nafta	oil	*ojl*
nahoře	above, over	*ebav, ouvr*
náhrdelník	necklace	*neklis*
nahý	naked	*nejkid*
najít	to find	*tu fajnd*
nákladní automobil	lorry, truck (am.)	*lori, trak*
naléhavý	urgent	*érdžent*
nálepka	label	*lejbl*
nalevo	on the left	*on d left*
náměstí	square	*skvé*
nápad	idea	*ajdýja*
napětí	voltage	*voltydž*
náplast	adhesive tape, bandage	*adhezif tejp, bendidž*
nápoj	drink	*drink*
naproti	opposite	*opozit*
napsaný	written	*riten*
napsat	to write	*tu rajt*
náramek	bracelet	*brejslet*
národnost	nationality	*nešnality*
narozen	born	*bórn*
narozeniny	birthday	*bértdej*

následovat	to follow	*tu folou*
naslouchat	to listen	*tu lisn*
nástroj	tool	*túl*
nástupiště	platform	*platfórm*
náušnice	earring	*íring*
návod	instruction	*instrakšn*
návrat	return	*ritérn*
navštívit	to visit	*tu vizit*
ne	no	*nou*
nealkoholický	non-alcoholic	*non akoholik*
nebezpečný	dangerous	*dejnžeres*
nebo	or	*ór*
neformální	informal	*infórml*
negativ	negative	*negativ*
nehet	fingernail	*fingrnejl*
nehoda	accident	*eksident*
někdo	somebody	*sambody*
někdy	someday	*samdej*
nelegální	illegal	*ilígl*
Němec	German	*džérmen*
Německo	Germany	*džermany*
nemocnice	hospital	*hospitl*
nemocný	ill, sick (am.)	*il, sik*
nepořádek	disorder, mess	*disórdr, mes*
nerv	nerve	*nérv*
neschopen	unable	*anejbl*
neteř	niece	*nýs*
nevinný	innocent	*inosent*
nezaměstnaný	unemployed	*anemplojd*
něžný	tender	*tendr*
nic	nothing	*natink*
nikde	nowhere	*nouvér*
nikdy	never	*nevr*
nit	thread	*tred*

Nizozemec	Dutch	*dač*
Nizozemsko	Netherlands	*nedrlends*
noc	night	*najt*
noha	leg, foot	*leg, fút*
Nor	Norwegian	*norvídžn*
normální	normal	*nórml*
Norsko	Norway	*nórvej*
nos	nose	*nous*
nouzový východ	fire exit, emergency exit	*fajr ekzit, emérdžensi eksit*
novinář	newspaperman	*njúspejprmen*
Novozélanďan	New Zealander	*njú zílendr*
nový	new	*njú*
Nový Zéland	New Zealand	*njú zílend*
nudismus	nudism	*njúdism*
nula	zero	*zirou*
nutný	necessary	*neseseri*
nůž	knife	*najf*
nůžky	scissors	*sizrs*

o

o	about	*ebaut*
oba	both	*bous*
obálka	envelope	*enveloup*
občanský průkaz	identity card	*ajdentity kard*
oběd	lunch	*lanč*
obchod	shop, store (am.)	*šop, stór*
obchodní dům	department store	*dipártment stór*
oblečení	clothes	*klouds*
oblek	suit	*sjút*
obnošený	worn out	*vorn aut*
obsahovat	to contain	*tu kontejn*
obsazeno	occupied	*okjupajd*

obvaz	bandage	*bandidž*
obyčejně	usually	*južuali*
obyvatelstvo	inhabitants	*inhebitants*
ocel	steel	*stýl*
ocet	vinegar	*vinygr*
očkování	vaccination	*veksinejšn*
oddělení	department	*dipártment*
odjezd	departure	*dipáčr*
odpadky	litter, garbage	*litr, gárbič*
odpočinek	rest	*rest*
odpoledne	afternoon	*áftrnún*
odpovědný	responsible	*rispónsibl*
odpověď	answer	*ánsr*
odstup	distance	*disténs*
oheň	fire	*fajr*
oholit se	to shave	*tu šejv*
ochutnat	to taste	*tu tejst*
okamžik	moment	*moument*
okamžitě	immediately	*imídijetly*
okno	window	*vindou*
oko	eye	*áj*
okres	district	*distrikt*
okurka	cucumber	*kjúkambr*
olej	oil	*ojl*
oliva	olive	*olív*
omáčka	sauce	*sós*
omeleta	omelette	*omlit*
omezení	restriction	*restrikšn*
omluva	apology	*apolodži*
on	he	*hí*
ona	she	*ší*
oni	they	*dej*
opakovat	to repeat	*tu ripít*
opatrný	careful	*kérful*

o

opera	opera	*opra*
opereta	musical comedy	*mjúzikl komedy*
oprava	repair	*ripér*
optik	optician	*optišn*
opustit	to leave	*tu lív*
ořech	nut	*nat*
osoba	person	*pérsn*
osobní	personal	*pérsonl*
ostrov	island	*ajlend*
ostrý	sharp	*šárp*
ostýchavý	shy	*šaj*
osvětlení	lighting	*lajting*
ošetřovatelka	nurse	*nérs*
ošklivý	ugly	*agly*
otázka	question	*kvesčn*
otec	father	*fátr*
otevřeno	open	*oupen*
otok	swelling	*sveling*
otvírací doba	opening hours	*oupening aurs*
otvírák	opener	*oupener*
ovoce	fruit	*frút*
ovocný salát	fruit salad	*frút sélid*

p

páchnout	to smell	*tu smel*
pád	fall	*fól*
palác	palace	*pelis*
palec	thumb	*tamb*
paluba	deck	*dek*
panenka	doll	*dol*
pánev	pan	*pen*
papír	paper	*pejpr*
paprika	pepper	*pepr*

parfém	perfume	*perfjúm*
park	park	*párk*
partner	partner	*pártner*
pár	pair	*pér*
pára	steam	*stým*
párek	sausage, hot dog	*sosidž, hot dog*
pás	safety belt	*sejfty belt*
(bezpečnostní)		
pas (cestovní)	passport	*pásport*
pásek	belt	*belt*
páteř	spine	*spajn*
pečený	roasted, baked	*roustyd, bejkd*
pečivo	bread	*bred*
pedikúra	pedicure	*pedikjúr*
pěkný	nice	*najs*
pěna	foam	*foum*
pěna na holení	shaving foam	*šejving foum*
peněženka	wallet	*valej*
penis	penis	*pínyz*
peníze	money	*many*
pepř	pepper	*pepr*
perla	pearl	*perl*
pero	pen	*pen*
pes	dog	*dog*
pevnost	fortress	*fótres*
piknik	picnic	*piknyk*
pinta	pint	*pajnt*
pinzeta	tweezers	*tvízrs*
písečný	sandy	*séndy*
pít	to drink	*tu drink*
pitná voda	drinking water	*drinkink vótr*
pivo	beer	*bír*
plakát	poster	*poustr*
plán	plan	*plen*

p

platit	to pay	*tu pej*
platný	valid	*valid*
plavat	to swim	*tu svim*
plavit se	to sail	*tu sejl*
plavky	swimsuit	*svimsjút*
pláž	beach	*bíč*
plena	cloth	*klouz*
ples	ball	*ból*
pleť	skin	*skin*
plný	full	*ful*
plot	fence	*fens*
plyn	gas	*gas*
pneumatika	tyre, tire (am.)	*taja*
po	after	*áftr*
pobřeží	seashore	*síšór*
počasí	weather	*vedr*
počítač	computer	*kompjútr*
pod	below	*bilou*
podchod	subway, underpass (am.)	*sabvej, andrpés*
podpatek	heel	*híl*
podpis	signature	*signičr*
podprsenka	bra	*bra*
podrážka	sole	*soul*
podzemní dráha	underground, subway (am.)	*andrgraund, sabvej*
podzim	autumn, fall (am.)	*ótm, fól*
pohled	postcard	*poustkárd*
pohodlný	comfortable	*komfortebl*
pohotovost	emergency	*imérdžensy*
pojištění	insurance	*inšúrens*
pokladna	cash register	*kéš redžistr*
pokojská	chamber maid	*čembr mejd*
pokousaný	bitten	*bitn*

pokrývka	blanket	*blenkit*
Polák	Polish	*pouliš*
polibek	kiss	*kis*
policie	police	*polís*
polička	shelf	*šelf*
polovina	half	*háf*
Polsko	Poland	*poulend*
polštář	pillow	*pilou*
polykat	to swallow	*to svolou*
pomalu	slowly	*slouli*
pomeranč	orange	*orindž*
pomoc	help	*help*
pomocník	helper	*helpr*
poník	pony	*pouny*
ponožka	sock	*sok*
popelník	ashtray	*éštrej*
poplatek	fee	*fí*
Portugalec	Portuguese	*portugís*
Portugalsko	Portugal	*portugl*
pořádek	order	*órdr*
poslat	to send	*tu send*
poslední	last	*lást*
postel	bed	*bed*
pošta	post, mail (am.)	*poust, mejl*
pošťák	postman	*poustman*
potápět se	to dive	*tu dajv*
potit se	to sweat	*tu svet*
potom	afterwards	*áftrvords*
potraviny	food	*fúd*
pozdě	late	*lejt*
později	later	*lejtr*
pozvat	to invite	*tu invajt*
požádat	to ask for	*tu ask fór*
požárník	fire fighter	*fajr fajtr*

p

prádelna	laundry	*lóndri*
prádlo	clothes	*klouz*
prášek na praní	washing powder	*vošing paudr*
prát	to wash	*tu voš*
pravděpodobně	probably	*probebly*
právník	lawyer, attorney (am.)	*lojr, atérny*
pravý (opravdový)	genuine	*žinujn*
prázdný	empty	*empty*
pro	for	*fór*
problém	problem	*problem*
proč	why	*vaj*
prodavač	shop assistant, clerk (am.)	*šop asistant, klérk*
prodej	sale	*sejl*
profese	profession	*profešn*
program	programme, program (am.)	*prougrem*
pronajmout	to rent	*tu rent*
propiska	pen	*pen*
prostěradlo	bed sheet	*bed šít*
proti	against	*egeinst*
protože	because	*bikós*
prsa	breasts	*brests*
prst	finger	*fingr*
průjem	diarrhoea	*dajerija*
průvodce	guide	*gajd*
první	first	*férst*
první pomoc	first aid	*férst eid*
přátelský	friendly	*frendli*
před (časově)	before	*bifór*
před (místně)	in front of	*in front of*
předjet	overdrive, pass (am.)	*ouvrdrajv, pés*

p

předpověď počasí	weather forecast	_vedr fórkást_
představení	performance	_perfórmens_
představit (se)	introduce, meet	_intrdjús, mít_
přechod pro chodce	crossing	_krosing_
přejít	to cross	_tu kros_
překladatel	translator	_translejtr_
překrásný	wonderful	_vandrful_
překvapení	surprise	_suprajs_
přelidněný	crowded	_kraudid_
přeložit (text)	to translate	_tu translejt_
přepnout	to switch	_tu svič_
přes	over	_ouvr_
přestávka	break	_brejk_
převodovka	gear case	_gér kejs_
příbor	knife and fork, flatware	_najf end fórk, fletvér_
přijet	to come	_tu kam_
příjezd	arrival	_erajvl_
přijít	to come	_tu kam_
příjmení	surname, last name (am.)	_sérnejm, lást nejm_
příloha	side dish	_sajd diš_
přímo	directly	_dajrektli_
připravený	prepared, ready	_pripérd, redy_
příroda	nature	_nejčr_
přirozený	natural	_nejčrl_
přístav	harbour, harbor (am.)	_hárbr_
přítel	friend	_frend_
přítelkyně	friend	_frend_
přízemí	ground floor, first floor (am.)	_graund flór_
psát	to write	_tu rajt_

p

pstruh	trout	*traut*
pták	bird	*bérd*
pudr	powder	*paudr*
puchýř	blister	*blistr*
půjčit (někomu)	to lend	*tu lend*
půjčit (od někoho)	to borrow	*tu borou*
opůjčovna	rental	*rentl*
pumpa	pump	*pamp*
pyžamo	pyjamas, pajamas (am.)	*padžámas*

r

rada	advice	*edvajs*
rádio	radio	*rejdiou*
rádio (přijímač)	radio set	*rejdiou set*
radovat se	to enjoy	*tu endžoj*
rajče	tomato	*tomátou*
Rakousko	Austria	*óstrija*
rakovina	cancer	*kénsr*
Rakušan	Austrian	*óstrijn*
rámeček	frame	*frejm*
rameno	shoulder	*šouldr*
ráno	morning	*mórning*
recept	recipe	*risíp*
reklama	advertisement	*advértisment*
rekreace	holiday	*holidej*
republika	republic	*ripablik*
restaurace	restaurant	*ristorant*
ret	lip	*lip*
revmatismus	rheumatism	*rjumatism*
rezerva	reserve	*risérv*
riskovat	to risk	*tu risk*

rodiče	parents	*pernts*
rodina	family	*femili*
roh	corner	*kórnr*
rok	year	*jír*
román	novel	*nouvl*
rostlina	plant	*plant*
rotunda	rotunda	*rotunda*
rovně	straight	*strajt*
rovný	flat	*flet*
rozbít	to break	*tu brejk*
rozdíl	difference	*difrens*
rozhněvaný	angry	*engry*
rozinka	raisin	*rejsin*
rozpočet	budget	*badžit*
rozum	intelligence	*intelidžens*
rozvedený	divorced	*divórst*
rozzlobený	angry	*engri*
rtěnka	lipstick	*lipstik*
ručník	towel	*taul*
ruka	hand	*hend*
rukavice	glove	*glav*
rukáv	sleeve	*slív*
Rus	Russian	*rašn*
Rusko	Russia	*raša*
rušit	to disturb	*tu distérb*
růže	rose	*rouz*
ryba	fish	*fiš*
rybník	pond	*pond*
rychle	quickly	*kuikli*
rychlý	quick, fast	*kuik, fást*
rýma	cold	*kould*
rýže	rice	*rajs*

r

ř

řada	line	*lajn*
řadicí páka	gear shift	*gír šift*
řád	order	*órdr*
řasenka	mascara	*maskara*
Řecko	Greece	*grís*
ředitel	director	*dajrektr*
ředkvička	radish	*rediš*
Řek	Greek	*grík*
řeka	river	*rivr*
řepa	beet	*bít*
řezat	to saw	*tu só*
řezník	butcher	*bučr*
říci	to tell	*tu tel*
řidič	driver	*drajvr*
řidičský průkaz	driving licence, driver's licence (am.)	*drajving lajsens, drajvrs lajsens*
řídit	to drive	*tu drajv*
řvát	to shout	*tu šaut*

s

s (se)	with	*vit*
salám	salami	*salámi*
salát	salad	*sélid*
sám (osamělý)	alone (lonely)	*eloun (lounly)*
sauna	sauna	*sauna*
sedadlo	seat	*sít*
sedativum	sedative	*sedativ*
sednout si	to sit	*tu sit*
sen	dream	*drím*
servírka	waitress	*vejtris*
sestra	sister	*sistr*

sever	north	*nórt*
schodiště	stairs	*stérs*
schůzka	appointment, date	*epointment, dejt*
sirky	matches	*metšis*
sítko	sieve	*sív*
skála	rock	*rok*
skládačka	puzzle	*pazl*
sklenice	glass	*glás*
sklo	glass	*glás*
skříň	case, closet	*kejs, klozit*
skupina	group	*grúp*
skutečný	real	*ríl*
skvrna	spot	*spot*
slabý	weak	*vík*
sladkost	sweet	*svít*
sladký	sweet	*svít*
slanina	bacon	*bejkn*
slaný	salty	*sólty*
slavit	to celebrate	*tu selebrejt*
slavný	famous	*fejms*
slepý	blind	*blajnd*
Slovák	Slovak	*slouvek*
Slovensko	Slovakia	*slovákia*
Slovinec	Slovenian	*slovínijn*
Slovinsko	Slovenia	*slovínija*
slovník	dictionary	*dikšneri*
slovo	word	*vórd*
slunce	sun	*san*
sluneční	parasol	*parasol*
služba	service	*sérvis*
služba (laskavost)	favour, favor (am.)	*fejvr*
slyšet	to hear	*tu hír*
šmát se	to laugh	*to láf*

s

smažený	fried	*frajd*
směnárna	change	*čejndž*
směr	direction	*dajrekšn*
smutný	sad	*séd*
snadný	easy	*ízi*
snídaně	breakfast	*brekfest*
sníh	snow	*snou*
socha	sculpture	*skalpčr*
současný	contemporary	*kontemporari*
soused	neighbour, neighbor (am.)	*nejbr*
spálit se	to burn	*tu bérn*
spát	to sleep	*tu slíp*
specialita	specialty	*spešlty*
speciální	special	*spešl*
spěchat	to hurry	*tu hari*
spojení	connection	*konekšn*
spokojený	satisfied	*setysfájd*
sport	sport	*spórt*
spravit	to fix	*tu fiks*
správně	correctly	*korektli*
sprcha	shower	*šaur*
spropitné	tip	*tip*
srdce	heart	*hárt*
stadión	stadium	*stejdijum*
stan	tent	*tent*
stanice	station	*stejšn*
starožitnosti	antique	*antík*
starý	old	*ould*
stejný	same	*sejm*
stereo	stereo	*steriou*
stín	shade, shadow	*šejd, šedou*
stisknout	to press	*tu pres*
stížnost	complaint	*komplejnt*

s

stopovat	to hitchhike	*tu hičhajk*
strana	side	*sajd*
strašný	awful	*óful*
střecha	roof	*rúf*
stříbro	silver	*silvr*
studený	cold	*kould*
studovat	to study	*tu stady*
stůl	desk	*desk*
stupeň	grade	*grejd*
styl	style	*stajl*
stýskat si	to miss	*tu mis*
suchý	dry	*draj*
sůl	salt	*sólt*
sušenka	biscuit, cookie (am.)	*biskvit, kúkí*
suvenýr	souvenir	*suvneýr*
sval	muscle	*masl*
svatba	wedding	*veding*
svědek	witness	*vitnys*
svědět	to itch	*tu ič*
světlo	light	*lajt*
svíčka	candle	*kéndl*
svléknout (se)	to undress	*tu andres*
svobodný (stav)	single	*singl*
svobodný (volný)	free	*frí*
syn	son	*san*
synagoga	synagogue	*synagoug*
synovec	nephew	*nefjú*
sýr	cheese	*číz*
systém	system	*systym*

S

Š

šachy	chess	*čes*
šálek	cup	*kap*
šampaňské	champagne	*šampejn*
šampón	shampoo	*šampú*
šátek	scarf	*skárf*
šatna	cloakroom	*kloukrúm*
šatník	wardrobe	*vódroub*
šaty	dress	*dres*
šedý	grey	*grej*
šek (cestovní)	cheque	*ček*
šicí stroj	sewing machine	*sóing mešín*
šít	to sew	*to sou*
škoda	pity	*pity*
škola	school	*skúl*
šok	shock	*šok*
šortky	shorts	*šórts*
špagety	spaghetti	*spagety*
Španěl	Spanish	*spéniš*
Španělsko	Spain	*spejn*
špatný	bad, wrong	*béd, rong*
špenát	spinach	*spinič*
špendlík	pin	*pin*
špinavý	dirty	*dérty*
špína	dirt	*dért*
šroub	screw	*skrú*
šroubovák	screwdriver	*skrúdrajvr*
šťastný	happy	*hepi*
štěstí	luck, happiness	*lak, hepinys*
štika	pike	*pajk*
šunka	ham	*hem*
šváb	cockroach	*kokrouč*
Švéd	Swede	*svíd*
Švédsko	Sweden	*svídn*

Š

švestka	plum	*plam*
švindlovat	to swindle	*tu svindl*
Švýcar	Swiss	*svis*
Švýcarsko	Switzerland	*svitzrland*

t

tabák	tobacco	*tobekou*
tableta (prášek)	pill	*pil*
tady	here	*hír*
táhnout	pull	*pul*
tak	so	*sou*
talíř	plate	*plejt*
tam	there	*dér*
tampón	tampon	*tampon*
tancovat	to dance	*tu dáns*
tanec	dance	*dáns*
taška	bag	*beg*
těhotná	pregnant	*pregnant*
telecí	veal	*víl*
telefon	telephone	*telifoun*
telefonovat	to call	*tu kól*
telegram	telegram	*teligrem*
televize	television	*televižn*
tělo	body	*body*
tenis	tennis	*tenis*
tenký	thin	*tin*
teploměr	thermometer	*thermoumítr*
teplota	temperature	*tempričr*
teplý	warm	*vórm*
terasa	terrace	*teris*
těsný	tight	*tajt*
těšit se	to enjoy	*tu indžoj*
teta	aunt	*ónt*

š
t

tetanus	tetanus	*tatanus*
textil	textiles	*tikstajls*
těžkost	trouble	*trabl*
těžký	heavy	*hevi*
ticho	silence	*sajlens*
tisk	print	*print*
tiskárna	printer	*printr*
tlačit	to push	*tu puš*
tlak	pressure	*prešr*
tlumočník	interpreter	*interpretr*
tlustý	fat	*fet*
tma	darkness	*dárknys*
to	it	*it*
toaleta (WC)	toilet	*toilit*
toaletní papír	toilet paper	*toilit pejpr*
tobogan	toboggan	*tobogan*
točené (pivo)	on draught, on tap	*on draut, on tep*
topení	heating	*hítyng*
topit se	to drown	*tu draun*
továrna	factory	*fektori*
tramvaj	tram, streetcar (am.)	*trem, strítkár*
trasa	route	*rút*
trať	track	*trek*
tráva	grass	*grás*
trh	market	*márkit*
tričko	shirt	*šért*
trpělivý	patient	*pejšnt*
třetí	third	*térd*
tuňák	tuna	*túna*
tunel	tunnel	*tanl*
Turecko	Turkey	*térki*
Turek	Turk	*térk*
turista	tourist	*turist*

t

tužka	pencil	*pensil*
tvář	face	*fejs*
tvrdý	hard	*hárd*
ty	you	*jú*

u

u	by	*baj*
ubrousek	napkin	*nepkin*
účes	hairstyle	*hérstajl*
účet	bill, check (am.)	*bil, ček*
učit se	to learn	*tu lérn*
učitel	teacher	*tíčr*
událost	event	*ívent*
údolí	valley	*veli*
úhoř	eel	*íl*
ucho	ear	*ír*
ukázat	to show	*tu šou*
uklouznout	to slip	*tu slip*
Ukrajina	Ukraine	*jukrajín*
Ukrajinec	Ukrainian	*jukrajínijn*
ukrást	to steal	*tu stíl*
ulice	street	*strít*
umění	art	*árt*
umyvadlo	wash-bowl, sink	*voš baul, sink*
univerzita	university	*junivérsity*
úraz	injury	*indžuri*
úřad	office	*ofis*
uspět	to succeed	*tu saksíd*
ústa	mouth	*maut*
ústřice	oyster	*ojstr*
útes	cliff	*klif*
útok	attack	*etek*
uvázat	to bind	*to bajnd*

t
u

uvnitř	inside	*insajd*
uzel	knot	*not*
území	area	*eríja*
uzený	smoked	*smoukt*

v

v	in	*in*
vagína	vagina	*vadžajna*
vakcína	vaccine	*vaksín*
vakcinace	vaccination	*vaksinejšn*
vanilka	vanilla	*vanilla*
Vánoce	Christmas	*kristmes*
varovat	to warn	*tu worn*
vařený	boiled	*boild*
vařit	to cook	*tu kúk*
váza	vase	*vejs*
vazelína	vaseline	*vaselín*
vážný	serious	*sirios*
včela	bee	*bí*
včera	yesterday	*jestrdej*
včetně	including	*inklúding*
vdova	widow	*vidou*
vdovec	widower	*vidouer*
velvyslanectví	embassy	*embesi*
věc	thing	*ting*
věc (událost)	affair	*efér*
večer	evening	*ívnynk*
večeře	dinner	*dinr*
večírek	party	*párty*
vědět	to know	*tu nou*
vedle (místně)	next to	*next tu*
vegan	vegan	*vegn*
vegetarián	vegetarian	*vedžeterijn*

vegetariánská strava	vegetarian food	*vedžeterijn fúd*
vejce	egg	*eg*
věk	age	*ejdž*
veletrh	fair	*fér*
Velikonoce	Easter	*ístr*
velikost	size	*sajz*
velký	big, great	*big, grejt*
ventilátor	ventilator	*ventilejtr*
vepřové	pork	*pórk*
vesnice	village	*vilidž*
věšák	hanger	*hengr*
věta	sentence	*sentens*
věž	tower	*taur*
více	more	*mór*
video	video	*vidiou*
videokazeta	video cassette	*vidiou kaset*
vidět	to see	*tu sí*
vidlička	fork	*fórk*
víkend	weekend	*víkend*
víno	wine	*vajn*
víno (hrozny)	grapes	*greips*
vitamín	vitamin	*vitamin*
vítejte	welcome	*velkam*
vítr	wind	*vind*
vízum	visa	*víza*
vlajka	flag	*fleg*
vlak	train	*trejn*
vlasy	hair	*hér*
vlevo	on the left	*on d left*
vlna	wave	*vejv*
vlna (materiál)	wool	*vúl*
vložka menstruační	sanitary towel	*senyteri tauls*

vnější	external, outer	*ikstérnal, autr*
vnoučata	grandchildren	*grandčildrn*
voda	water	*vótr*
volat	to call	*tu kól*
volejbal	volleyball	*volyból*
volit (číslo)	to dial	*tu dajl*
vosa	wasp	*vosp*
vpravo	on the right	*on d rajt*
vrátit se	to return	*tu ritérn*
vrchol	peak	*pík*
vstávat	to wake up	*tu vejk ap*
vstupné	entrance fee	*entrens fí*
všechno	everything	*evritink*
všude	everywhere	*evrivér*
vtip	joke	*džouk*
vulkán	volcano	*volkejnou*
vy	you	*jú*
vybrat	to choose	*tu čúz*
výdaj	expense	*ikspéns*
východ	exit	*ekzit*
východ (svět. strana)	east	*íst*
výlet	trip	*trip*
vyměnit	to change	*tu čejnž*
vynikající	excellent	*ekscelent*
vyplnit	to fill	*tu fil*
vypnuto	off	*of*
výprodej	sale	*sejl*
vyrážka	eruption	*irapšn*
vyrušovat	to disturb	*tu distérb*
výsledek	result	*rizólt*
vysoký	high	*haj*
výstava	exhibition	*ekshibišn*
vysvětlit	to explain	*tu iksplejn*

V

výtah	lift, elevator (am.)	*lift, elevejtr*
vyvolat (film)	to develop	*tu develop*
vyzvednout	to pick up	*tu pik ap*
vzadu	back	*bek*
vzbudit se	to wake	*tu vejk*
vzít	to take	*tu tejk*
vzkaz	message	*mesidž*
vždycky	always	*ólvejz*

Z

z	from	*from*
za	behind	*bihajnd*
zabalený	wrapped	*repd*
zábava	entertainment	*entrtejnment*
zablokovaný	blocked	*blokd*
začátečník	beginner	*biginr*
začátek	beginning	*begining*
začít	to begin	*tu begin*
záda	back	*bek*
zahrada	garden	*gárden*
zacházet	to treat	*to trít*
záchrana	rescue	*riskjú*
záchranná brzda	emergency brake	*emérdžensi brejk*
zakázaný	forbidden, banned (am.)	*forbiden, bénd*
základní	basic	*bejsik*
zákon	law	*ló*
záloha	deposit	*depozit*
zamčený	locked	*lokd*
zámek	lock	*lok*
zamknout	to lock	*tu lok*
zamluvit (rezervovat)	to reserve	*tu rezérv*

V
Z

173

zamračeno	cloudy	*klaudy*
zaneprázdněný	busy	*bizy*
západ	west	*vest*
zapalovač	lighter	*lajtr*
zápas	match	*meč*
zápěstí	wrist	*rist*
zapnout	turn on	*térn on*
zapnuto	on	*on*
zapomenout	forget	*forget*
zásuvka	socket	*sokit*
zavazadlo	luggage, baggage (am.)	*lagič, begič*
závrať	dizzy	*dizi*
zavřeno	closed	*klouzd*
zdarma	for free	*fór frí*
zdravit	to greet	*tu grít*
zdraví	health	*helt*
zdravý	healthy	*helty*
zdroj	source	*sórs*
zebra	zebra	*zíbra*
zelenina	vegetables	*vedžetabls*
zelený	green	*grín*
země	land	*lénd*
zeptat se	to ask	*tu ásk*
zima	winter	*vintr*
zip	zip, zipper	*zip, zipr*
zítra	tomorrow	*tumorou*
zívat	to yawn	*tu jón*
zkouška	exam	*ikzem*
zkusit	to try	*tu traj*
zlatník	goldsmith	*goldsmit*
zlato	gold	*gould*
zloděj	thief	*tíf*
zlomený	broken	*broukn*

z

zlomit	to break	*tu brejk*
zlomyslný	malicious	*mališes*
značka	mark	*márk*
znak	sign	*sajn*
známka (poštovní)	stamp	*stemp*
známý	famous	*fejmes*
znásilnit	to rape	*tu rejp*
zničený	destroyed	*distrojd*
znovu	again	*egein*
znuděný	bored	*bórd*
zoologická zahrada	Zoo	*zjú*
zpoždění	delay	*dilej*
zpráva	message	*mesidž*
zprávy (televizní)	news	*njús*
zraněný	wounded	*vúndid*
zrcadlo	mirror	*miror*
zrušit	to cancel	*to kénsl*
zřícenina	ruin	*ruin*
ztratit	to lose	*tu lúz*
zub	tooth	*tút*
zubař	dentist	*dentist*
zubní kartáček	tooth brush	*tút braš*
zubní pasta	tooth paste	*tút pejst*
zůstat	to stay	*tu stej*
zvíře	animal	*eniml*
zvracet	to throw up	*tu trou ap*

Ž

žába	frog	*frog*
žádat	to ask for	*tu ask fór*
žádost	request	*ríkvest*

žák	pupil	*pjúpil*
žaludeční potíže	stomach ache	*stomak ejk*
žaludek	stomach	*stomak*
že	that	*det*
žebro	rib	*rib*
žebřík	ladder	*ledr*
žehlicí prkno	ironing-board	*ajroning bórd*
žehlička	iron	*ajron*
žehlit	to iron	*tu ajron*
železnice	railway, railroad (am.)	*rejlvej, rejlroud*
železniční přejezd	railway crossing, railroad crossing (am.)	*rejlvej krosing, rejlroud krosing*
železo	iron	*ajron*
ženatý	married	*merid*
židle	chair	*čér*
žihadlo	sting	*sting*
žíla	vein	*vein*
žiletka	shaving blade, razor blade	*šejving blejd, rejzr blejd*
žít	to live	*tu liv*
žízeň	thirst	*térst*
žíznivý	thirsty	*térsty*
žlutý	yellow	*jelou*
žralok	shark	*šárk*
žvýkačka	chewing gum	*čúing gam*

ANGLICKO–ČESKÝ SLOVNÍČEK

about	*ebaut*	o
above	*abav*	nad
above, over	*ebav, ouvr*	nahoře
accident	*eksident*	nehoda
address	*édres*	adresa
adhesive tape	*adhezif tejp*	náplast
advertisement	*edvértisment*	inzerát
advertisement	*advértisment*	reklama
advice	*edvajs*	rada
affair	*efér*	věc (událost)
after	*áftr*	po
afternoon	*áftrnún*	odpoledne
afterwards	*áftrvords*	potom
again	*egein*	znovu
against	*egeinst*	proti
age	*ejdž*	věk
AIDS	*eids*	AIDS
air plane	*érplejn*	letadlo
air-conditioning	*ér kondišnning*	klimatizace
airport	*érpórt*	letiště
aisle	*eil*	chodba
alarm clock	*alárm klok*	budík
alcohol	*alkohol*	alkohol
allergic shock	*alerdžik šok*	alergický šok
allergist	*alerdžist*	alergolog
allergy	*alerdži*	alergie
almond	*álmond*	mandle
alone	*eloun*	sám (osamělý)
altogether	*óltugetr*	celkem
altogether	*óltugedr*	dohromady
always	*ólvejz*	vždycky
amateur photographer	*amatér foutogrefr*	fotoamatér

America	*amerika*	**Amerika**
American	*emerikn*	**Američan**
amount	*emaunt*	**částka**
analgetic	*analgetik*	**analgetikum**
and	*end*	**a**
anger	*engr*	**hněv**
angry	*engry*	**rozhněvaný**
angry	*engri*	**rozzlobený**
animal	*eniml*	**zvíře**
ankle	*énkl*	**kotník**
answer	*ánsr*	**odpověď**
ant	*ent*	**mravenec**
anthem	*éntm*	**hymna**
antibiotic	*antibajotik*	**antibiotikum**
antique	*antík*	**starožitnosti**
aperitif	*eperitif*	**aperitiv**
apology	*apolodži*	**omluva**
appetizer	*epetajzr*	**předkrm**
apple	*epl*	**jablko**
appointment, date	*epointment, dejt*	**schůzka**
apricot	*eprikot*	**meruňka**
area	*eríja*	**území**
arena	*erína*	**aréna**
architecture	*ákitekčr*	**architektura**
to arrange	*tu erejndž*	**domluvit**
arrival	*erajvl*	**příjezd**
art	*árt*	**umění**
ashtray	*éštrej*	**popelník**
to ask	*tu ásk*	**zeptat se**
to ask for	*tu ask fór*	**požádat, žádat**
aspirin	*asprin*	**acylpyrin**
at home	*at houm*	**doma**
Atlantic ocean	*atlantik oušn*	**Atlantský oceán**
attack	*etek*	**útok**

aunt	*ónt*	**teta**
Australia	*óstrejlija*	**Austrálie**
Australian	*óstrejlijan*	**Australan**
Austria	*óstrija*	**Rakousko**
Austrian	*óstrijn*	**Rakušan**
autumn, fall (am.)	*ótm, fól*	**podzim**
avalanche	*evelánš*	**lavina**
awful	*óful*	**strašný**

b

back	*bek*	**vzadu**
back	*bek*	**záda**
backpack	*bekpek*	**batoh**
bacon	*bejkn*	**slanina**
bad, wrong	*béd, rong*	**špatný**
bag	*beg*	**taška**
bail	*bejl*	**kauce**
baked	*bejkd*	**pečený**
balcony	*belkny*	**balkón**
ball	*ból*	**míč**
ball	*ból*	**ples**
ballet	*balej*	**balet**
banana	*banana*	**banán**
bandage	*bendidž*	**bandáž**
bandage	*bandidž*	**obvaz, náplast**
bank	*benk*	**banka**
bank note, bill (am.)	*benk nout, bil*	**bankovka**
bar	*bár*	**bar**
basic	*bejsik*	**základní**
basketball	*baskitból*	**basketbal**
bath	*bát*	**koupel**
bathroom	*bátrúm*	**koupelna**
beach	*bíč*	**pláž**

bean	*bín*	**fazole**
because	*bikós*	**protože**
bed	*bed*	**postel**
bed sheet	*bed šít*	**prostěradlo**
bee	*bí*	**včela**
beef	*bíf*	**hovězí (maso)**
beer	*bír*	**pivo**
beet	*bít*	**řepa**
beetle	*bítl*	**brouk**
before	*bifór*	**před (časově)**
to begin	*tu begin*	**začít**
beginner	*biginr*	**začátečník**
beginning	*begining*	**začátek**
behind	*bihajnd*	**za**
Belgian	*beldžian*	**Belgičan**
Belgium	*beldžium*	**Belgie**
below	*bilou*	**dole**
below	*bilou*	**pod**
belt	*belt*	**pásek**
better	*betr*	**lepší**
between	*bitvín*	**mezi**
bicycle	*bajsikl*	**bicykl**
bicycle route	*bajsikl rut*	**cyklistická stezka**
big, great	*big, grejt*	**velký**
bikini	*bikíny*	**bikiny**
bill, check (am.)	*bil, ček*	**účet**
to bind	*to bajnd*	**uvázat**
bird	*bérd*	**pták**
birthday	*bértdej*	**narozeniny**
biscuit, cookie (am.)	*biskvit, kúkí*	**sušenka**
to bite	*tu bajt*	**kousnout**
bitten	*bitn*	**pokousaný**
bitter	*bitr*	**hořký**

black	*blek*	**černý**
black and white	*blek end vajt*	**černobílý**
blanket	*blénkit*	**deka**
blanket	*blenkit*	**pokrývka**
blind	*blajnd*	**slepý**
blister	*blistr*	**puchýř**
block	*blok*	**blok**
blocked	*blokd*	**zablokovaný**
blonde	*blond*	**blondýna**
blood	*blad*	**krev**
blouse	*blaus*	**blůza**
blouse	*blaus*	**halena**
blue	*blú*	**modrý**
boat	*bout*	**loď**
body	*body*	**tělo**
boiled	*boild*	**vařený**
boiler	*boiler*	**kotel**
bone	*boun*	**kost**
bonnet, hood (am.)	*bonet, hud*	**kapota**
book	*buk*	**kniha**
book shop, bookstore (am.)	*bukšop, bukstór*	**knihkupectví**
bookshelf	*bukšelf*	**knihovna**
border	*bódr*	**hranice**
bored	*bórd*	**znuděný**
born	*bórn*	**narozen**
to borrow	*tu borou*	**půjčit (od někoho)**
botanical garden	*botanikl gárden*	**botanická zahrada**
both	*bous*	**oba**
bottle	*botl*	**láhev**
box	*box*	**krabice**
boy	*boj*	**chlapec**
bra	*bra*	**podprsenka**
bracelet	*brejslet*	**náramek**

brake	brejk	brzda
bread	bred	chléb
bread	bred	pečivo
break	brejk	přestávka
to break	tu brejk	rozbít
to break	tu brejk	zlomit
breakfast	brekfest	snídaně
breasts	brests	prsa
to breathe	tu brít	dýchat
bridge	bridž	most
brochure	broučr	brožura
broken	broukn	zlomený
bronchitis	bronchitys	bronchitida
bronze	bronz	bronz
brother	bradr	bratr
brown	braun	hnědý
brush	braš	kartáč(ek)
bucket	bakit	kbelík
budget	badžit	rozpočet
building	bildynk	budova
buoy	bój	bóje
to burn	tu bérn	spálit se
bus	bas	autobus
bus station	bas stejšn	autobusové nádraží
busy	bizy	zaneprázdněný
but	bat	ale
butcher	bučr	řezník
butter	batr	máslo
button	batn	knoflík
to buy	tu baj	koupit
by	baj	u

c

cabaret	*kabarej*	**kabaret**
cabin	*kebin*	**kabina**
cake	*kejk*	**koláč**
calendar	*kelendr*	**kalendář**
to call	*tu kól*	**telefonovat, volat**
camera	*kémra*	**fotoaparát**
camping	*kempink*	**kemp**
can	*ken*	**moci**
Canada	*keneda*	**Kanada**
Canadian	*kenejdijn*	**Kanaďan**
to cancel	*to kénsl*	**zrušit**
cancer	*kénsr*	**rakovina**
candle	*kéndl*	**svíčka**
canoe	*kenú*	**kánoe**
car, automobile (am.)	*kár, ótomobíl*	**auto**
caravan	*kereven*	**karavan**
card	*kárd*	**karta**
careful	*kérful*	**opatrný**
carousel	*kerusel*	**kolotoč**
carp	*kárp*	**kapr**
carpet	*kárpit*	**koberec**
carrot	*kerot*	**mrkev**
carton	*karton*	**kartón**
case	*kejs*	**skříň**
cash	*keš*	**hotovost**
cash register	*kéš redžistr*	**pokladna**
casino	*kesínou*	**kasino**
cassette	*kaset*	**kazeta**
castle	*kásl*	**hrad**
cat	*ket*	**kočka**
catalogue	*kataloug*	**katalog**
to catch	*tu keč*	**chytit**

cathedral	*ketýdral*	**katedrála**
cauliflower	*kouliflaur*	**květák**
caution	*kóšn*	**pozor**
cave	*kejv*	**jeskyně**
CD, compact disc	*sí dí, kompakt disk*	**CD**
to celebrate	*tu selebrejt*	**slavit**
cemetery	*semitri*	**hřbitov**
centre, center (am.)	*sentr*	**centrum**
chair	*čér*	**židle**
chamber maid	*čembr mejd*	**pokojská**
champagne	*šampejn*	**šampaňské**
change	*čejndž*	**směnárna**
to change	*tu čejnž*	**vyměnit**
channel	*čenl*	**kanál**
chapel	*čepl*	**kaple**
cheap	*číp*	**levný**
cheese	*číz*	**sýr**
chemist´s, drugstore (am.)	*kimists, dragstór*	**lékárna**
chemistry	*kemistry*	**chemie**
cheque	*ček*	**šek (cestovní)**
chess	*čes*	**šachy**
chest	*čest*	**hrudník**
chewing gum	*čúing gam*	**žvýkačka**
chicken	*čikn*	**kuře**
child, kid (am.)	*čajld, kid*	**dítě**
China	*čajna*	**Čína**
Chinese	*čajnýz*	**Číňan**
chips, French fries (am.)	*čips, frajs*	**hranolky**
chocolate	*čoklit*	**čokoláda**
to choose	*tu čúz*	**vybrat**
chop	*čop*	**kotleta (maso)**
Christmas	*kristmes*	**Vánoce**

church	*čérč*	**kostel**
cigar	*sigár*	**doutník**
cigarette	*sigaret*	**cigareta**
cinema, movie-theater (am.)	*sinema, múví tietr*	**kino**
circle	*sérkl*	**kruh**
clean	*klín*	**čistý**
to clean	*tu klín*	**čistit**
clever, smart (am.)	*klevr, smárt*	**chytrý**
cliff	*klif*	**útes**
cloakroom	*kloukrúm*	**šatna**
clock, watch	*klok, voč*	**hodiny**
close	*klouz*	**blízko**
closed	*klouzd*	**zavřeno**
cloth	*klouz*	**plena**
clothes	*klouds*	**oblečení**
clothes	*klouz*	**prádlo**
cloud	*klaud*	**mrak**
cloudy	*klaudy*	**zamračeno**
coat	*kout*	**kabát**
cockroach	*kokrouč*	**šváb**
cocoa	*kokou*	**kakao**
coffee	*kofí*	**káva**
cognac	*koňak*	**koňak**
coin	*koin*	**mince**
cold	*kould*	**rýma**
cold	*kould*	**studený**
collar	*kolr*	**límec**
colour, color (am.)	*kalr*	**barva**
colourful	*kalrful*	**barevný**
comb	*kaum*	**hřeben**
to comb	*to kom*	**česat**
to come	*tu kam*	**přijet, přijít**

comedy	*komedy*	**komedie**
comfortable	*komfortebl*	**pohodlný**
complaint	*komplejnt*	**stížnost**
compliment	*kompliment*	**lichotka**
computer	*kompjútr*	**počítač**
concert	*konsrt*	**koncert**
condom	*kondom*	**kondom**
to congratulate	*tu kongrátjulejt*	**gratulovat**
congratulations	*kongrétulejšns*	**blahopřání**
connection	*konekšn*	**spojení**
consulate	*konsjulit*	**konzulát**
to contain	*tu kontejn*	**obsahovat**
contemporary	*kontemporari*	**současný**
contraception	*kontracepšn*	**antikoncepce**
control	*kontroul*	**kontrola**
cook	*kuk*	**kuchař**
to cook	*tu kúk*	**vařit**
cooling	*kúling*	**chladicí**
cooling box	*kúling box*	**chladicí box**
copper	*kopr*	**měď**
copy	*kopi*	**kopie**
copy machine	*kopi mešín*	**kopírka**
corner	*kórnr*	**roh**
correctly	*korektli*	**správně**
cosmetics	*kosmetiks*	**kosmetika**
costume	*kostjúm*	**kostým**
cottage	*kotidž*	**chalupa**
cottage	*kotidž*	**chata**
cotton	*katn*	**bavlna**
to cough	*to kaf*	**kašlat**
couchette	*kušet*	**lehátko (vlak)**
couchette car	*kušet kár*	**lehátkový vůz**
course	*kórs*	**kurs**
crab	*kreb*	**krab**

c

credit card	*kredit kárd*	**kreditní karta**
Croat	*krouet*	**Chorvat**
Croatia	*krouejšia*	**Chorvatsko**
to cross	*tu kros*	**přejít**
crossing	*krosing*	**křižovatka, přechod pro chodce**
crowded	*kraudid*	**přelidněný**
cube	*kjúb*	**kostka**
cucumber	*kjúkambr*	**okurka**
cup	*kap*	**hrneček**
cup	*kap*	**šálek**
curly	*kérly*	**kudrnatý**
currency	*karensy*	**měna**
customs	*kastms*	**celnice**
customs clearance	*kastms klírens*	**celní kontrola**
cyclist	*sajklist*	**cyklista**
Czech	*ček*	**Čech**
Czech	*ček*	**český**
Czech Republic	*ček ripablik*	**Česká republika**

d

daily	*dejli*	**denně**
dance	*dáns*	**tanec**
to dance	*tu dáns*	**tancovat**
Dane	*dejn*	**Dán**
dangerous	*dejnžeres*	**nebezpečný**
darkness	*dárknys*	**tma**
date	*dejt*	**datum**
daughter	*dótr*	**dcera**
day	*dej*	**den**
dead	*ded*	**mrtvý**
deaf	*def*	**hluchý**
deck	*dek*	**paluba**
deep	*dýp*	**hluboký**

delay	*dilej*	**zpoždění**
delicious	*delišs*	**chutný**
delicious	*delišs*	**lahodný**
deliver	*delivr*	**doručit**
Denmark	*denmark*	**Dánsko**
dentist	*dentist*	**zubař**
deodorant	*diodorant*	**deodorant**
department	*dipártment*	**oddělení**
department store	*dipártment stór*	**obchodní dům**
departure	*dipáčr*	**odjezd**
deposit	*depozit*	**záloha**
desk	*desk*	**stůl**
destroyed	*distrojd*	**zničený**
to develop	*tu develop*	**vyvolat (film)**
diabetes	*daibetes*	**cukrovka**
diagnosis	*dajagnouzis*	**diagnóza**
to dial	*tu dajl*	**volit (číslo)**
diamond	*dajmond*	**diamant**
diarrhoea	*dajerija*	**průjem**
dictionary	*dikšneri*	**slovník**
diet	*dájet*	**dieta**
difference	*difrens*	**rozdíl**
dining room	*dajning rúm*	**jídelna**
dinner	*dinr*	**večeře**
direction	*dajrekšn*	**směr**
directly	*dajrektli*	**přímo**
director	*dajrektr*	**ředitel**
dirt	*dért*	**špína**
dirty	*dérty*	**špinavý**
disco	*diskou*	**diskotéka**
dishwasher	*dišvošr*	**myčka**
disinfection	*dizinfekšn*	**desinfekce**
disorder, mess	*disórdr, mes*	**nepořádek**
distance	*disténs*	**odstup**
district	*distrikt*	**okres**

d

to disturb	*tu distérb*	**rušit, vyrušovat**
to dive	*tu dajv*	**potápět se**
divorced	*divórst*	**rozvedený**
dizzy	*dizi*	**závrať**
doctor	*doktr*	**doktor**
dog	*dog*	**pes**
doll	*dol*	**panenka**
door	*dór*	**dveře**
double	*dabl*	**dvojitý**
dream	*drím*	**sen**
dress	*dres*	**šaty**
drink	*drink*	**nápoj**
to drink	*tu drink*	**pít**
drinking water	*drinkink vótr*	**pitná voda**
to drip	*tu drip*	**kapat**
to drive	*tu drajv*	**řídit**
driver	*drajvr*	**řidič**
driving licence, driver's licence (am.)	*drajving lajsens, drajvrs lajsens*	**řidičský průkaz**
to drown	*tu draun*	**topit se**
drug, medicine	*drag, medsin*	**lék**
drugstore	*dragstór*	**drogerie**
dry	*draj*	**suchý**
dumpling	*dampling*	**knedlík**
during	*djúring*	**během**
Dutch	*dač*	**Nizozemec**

e

ear	*ír*	**ucho**
earring	*íring*	**náušnice**
east	*íst*	**východ (svět. strana)**
Easter	*ístr*	**Velikonoce**

easy	*ízi*	**snadný**
to eat	*tu ít*	**jíst**
economical	*ekonomikl*	**ekonomický**
economics	*ekonomiks*	**ekonomika**
eczema	*ekzéma*	**ekzém**
eel	*íl*	**úhoř**
egg	*eg*	**vejce**
electricity	*elektrisity*	**elektřina**
e-mail	*ímejl*	**e-mail**
embassy	*embasi*	**ambasáda**
embassy	*embesi*	**velvyslanectví**
emergency	*imérdžensy*	**pohotovost**
emergency brake	*emérdžensi brejk*	**záchranná brzda**
emergency exit	*emérdžensi eksit*	**nouzový východ**
empty	*empty*	**prázdný**
enamel	*eneml*	**email, glazura**
England	*inglend*	**Anglie**
Englishman	*inglišmen*	**Angličan**
to enjoy	*indžoj*	**těšit se, radovat se**
enough	*enaf*	**dost**
entertainment	*entrtejnment*	**zábava**
entrance fee	*entrens fí*	**vstupné**
envelope	*enveloup*	**obálka**
erotic	*erotik*	**erotika**
eruption	*irapšn*	**vyrážka**
espresso	*espreso*	**espreso**
Europe	*jurop*	**Evropa**
even	*ívn*	**i**
evening	*ívnynk*	**večer**
event	*ívent*	**událost**
everything	*evritink*	**všechno**
everywhere	*evrivér*	**všude**
exam	*ikzem*	**zkouška**

excellent	*ekscelent*	**vynikající**
except	*iksept*	**kromě**
excursion	*ikskéršn*	**exkurze**
exhibition	*ekshibišn*	**výstava**
to exist	*tu ikzist*	**existovat**
exit	*ekzit*	**východ**
expense	*ikspéns*	**výdaj**
to explain	*tu iksplejn*	**vysvětlit**
express	*ikspres*	**expres (vlak)**
express shipment	*ikspres šipment*	**expresní zásilka**
external, outer	*ikstérnal, autr*	**vnější**
eye	*áj*	**oko**

f

face	*fejs*	**tvář**
factory	*fektori*	**továrna**
faculty	*feklty*	**fakulta**
fair	*fér*	**veletrh**
fall	*fól*	**pád**
family	*femili*	**rodina**
famous	*fejms*	**slavný**
famous	*fejmes*	**známý**
fan	*fan*	**fanoušek**
far	*fár*	**daleko**
farmer	*fármr*	**farmář**
fashion	*fešn*	**móda**
fat	*fet*	**mastný**
fat	*fet*	**tlustý**
father	*fátr*	**otec**
favour, favor (am.)	*fejvr*	**služba (laskavost)**
fee	*fí*	**poplatek**
to feed	*tu fíd*	**krmit**
to feel	*tu fíl*	**cítit (pocit)**

to fly	*tu flaj*	**letět**
fence	*fens*	**plot**
fever	*fívr*	**horečka**
to fill	*tu fil*	**vyplnit**
filter	*filtr*	**filtr**
final	*fajnl*	**finále**
to find	*tu fajnd*	**najít**
finger	*fingr*	**prst**
fingernail	*fingrnejl*	**nehet**
finish, goal	*finiš, goul*	**cíl**
Finland	*finland*	**Finsko**
Finn	*fin*	**Fin**
fire	*fajr*	**oheň**
fire exit	*fajr ekzit*	**nouzový východ**
fire extinguisher	*fajr ikstinguišr*	**hasicí přístroj**
fire fighter	*fajr fajtr*	**požárník**
fireman, firefighter	*fajrmen, fajrfajtr*	**hasič**
firm	*férm*	**firma**
first	*férst*	**první**
first aid	*férst eid*	**první pomoc**
fish	*fiš*	**ryba**
to fix	*tu fiks*	**spravit**
flag	*fleg*	**vlajka**
flat	*flet*	**rovný**
flat, apartment (am.)	*flet, epártment*	**byt**
flatware	*fletvér*	**příbor**
flight	*flajt*	**let**
flour	*flaur*	**mouka**
flute	*flút*	**flétna**
fly	*flaj*	**moucha**
foam	*foum*	**pěna**
folklore	*folklór*	**folklór**
to follow	*tu folou*	**následovat**
food	*fúd*	**jídlo**

food	*fúd*	**potraviny**
football, soccer (am.)	*futból, sakr*	**fotbal**
for	*fór*	**pro**
for free	*fór frí*	**zdarma**
forbidden, banned (am.)	*forbiden, bénd*	**zakázaný**
foreign	*forin*	**cizí**
forest, wood (am.)	*forist, vúd*	**les**
forget	*forget*	**zapomenout**
fork	*fórk*	**vidlička**
form	*fórm*	**formulář**
fortress	*fótres*	**pevnost**
fountain	*fauntin*	**fontána**
frame	*frejm*	**rámeček**
France	*fráns*	**Francie**
free	*frí*	**svobodný (volný)**
to freeze	*tu fríz*	**mrznout**
French	*frenč*	**Francouz**
fresh	*freš*	**čerstvý**
fried	*frajd*	**smažený**
friend	*frend*	**přítel, přítelkyně**
friendly	*frendli*	**přátelský**
frog	*frog*	**žába**
from	*from*	**z**
fruit	*frút*	**ovoce**
fruit salad	*frút sélid*	**ovocný salát**
full	*ful*	**plný**
fun	*fan*	**legrace**

g

gallery	*galeri*	**galerie**
game	*gejm*	**hra**
garage	*garáž*	**garáž**

garage, car repair shop	*garáž, kár ripér šop*	**autoopravna**
garden	*gárden*	**zahrada**
garlic	*gárlik*	**česnek**
gas	*gas*	**plyn**
gate	*gejt*	**brána**
gear case	*gér kejs*	**převodovka**
gear shift	*gír šift*	**řadicí páka**
genuine	*žinujn*	**pravý (opravdový)**
German	*džérmen*	**Němec**
Germany	*džermany*	**Německo**
girl	*gérl*	**dívka**
glass	*glás*	**sklenice**
glass	*glás*	**sklo**
glasses	*glásis*	**brýle**
glove	*glav*	**rukavice**
glue	*klú*	**lepidlo**
goal	*goul*	**gól**
gold	*gould*	**zlato**
goldsmith	*goldsmit*	**zlatník**
golf	*golf*	**golf**
good, fine	*gud, fajn*	**dobře**
good, well	*gud, vel*	**dobrý**
goulash	*gulaš*	**guláš**
grade	*grejd*	**stupeň**
grammar school	*gremr skúl*	**gymnázium**
grandfather	*grendfádr*	**děda**
grandchildren	*grandčildrn*	**vnoučata**
grandmother	*grendmadr*	**babička**
grapes	*greips*	**víno (hrozny)**
grass	*grás*	**tráva**
grave	*grejv*	**hrob**
graveyard	*grejvjárd*	**hřbitov**

g

Greece	grís	Řecko
Greek	grík	Řek
green	grín	zelený
to greet	tu grít	zdravit
grey	grej	šedý
to grill	tu gril	grilovat
grog	grog	grog
grotesque	grotesk	groteska
ground floor, first floor (am.)	graund flór	přízemí
group	grúp	skupina
guide	gajd	průvodce
guitar	gitár	kytara
gynaecologist's office	gajnekolodžists ofis	gynekologická ordinace
gynaecologist	gajnekolodžist	gynekolog

h

hair	hér	chlup
hair	hér	vlasy
hairdresser	hérdresr	kadeřník
hairstyle	hérstajl	účes
half	háf	polovina
hall	hól	hala
ham	hem	šunka
hammer	hemr	kladivo
hand	hend	ruka
handball	hendból	házená
handicap	hendykep	hendikep
handkerchief	henkrčíf	kapesník
hangar	hangr	hangár
hanger	hengr	věšák
happy	hepi	šťastný

harbour, harbor (am.)	*hárbr*	**přístav**
hard	*hárd*	**tvrdý**
hat	*het*	**čepice**
hat	*het*	**klobouk**
he	*hí*	**on**
head	*hed*	**hlava**
health	*helt*	**zdraví**
healthy	*helty*	**zdravý**
to hear	*tu hír*	**slyšet**
heart	*hárt*	**srdce**
heart attack	*hárt etek*	**infarkt**
heating	*hítyng*	**topení**
heavy	*hevi*	**těžký**
heel	*híl*	**podpatek**
help	*help*	**pomoc**
helper	*helpr*	**pomocník**
herbal tea	*herbl tý*	**bylinkový čaj**
herbs	*hérbs*	**byliny**
here	*hír*	**tady**
high	*haj*	**vysoký**
high school	*haj skúl*	**gymnázium (am.)**
to him	*tu him*	**jemu**
hip	*hip*	**bok**
his	*his*	**jeho**
to hitchhike	*tu hičhajk*	**stopovat**
to hold	*tu hold*	**držet (fyzicky)**
holiday	*holidej*	**rekreace**
holidays, vacation (am.)	*holidejs, vekejšn*	**dovolená**
home	*houm*	**domácí**
homosexual	*homoskšul*	**homosexuál**
hook	*húk*	**háček**
horse	*hórs*	**kůň**
hospital	*hospitl*	**nemocnice**

h

197

hot dog	*hot dog*	**párek**
hotel	*hotel*	**hotel**
hour	*aur*	**hodina**
house	*haus*	**dům**
how	*hau*	**jak**
humour, humor (am.)	*hjúmr*	**humor**
Hungarian	*hangejrijn*	**Maďar**
Hungary	*hangeri*	**Maďarsko**
hunger	*hangr*	**hlad**
to hurry	*tu hari*	**spěchat**
husband	*hasbend*	**manžel**
hygiene	*hajdžín*	**hygiena**

i

I, me	*aj, mí*	**já**
idea	*ajdýja*	**nápad**
identity card	*ajdentity kard*	**občanský průkaz**
ill, sick (am.)	*il, sik*	**nemocný**
illegal	*ilígl*	**ilegální**
illegal	*ilígl*	**nelegální**
imitation	*imitejšn*	**imitace**
immediately	*imídijetly*	**okamžitě**
in	*in*	**v**
in front of	*in front of*	**před (místně)**
including	*inklúding*	**včetně**
influenza, flu (am.)	*inflúenza, flu*	**chřipka**
informal	*infórml*	**neformální**
information	*informejšn*	**informace**
inhabitants	*inhebitants*	**obyvatelstvo**
injection	*indžekšn*	**injekce**
injury	*indžuri*	**úraz**
innocent	*inosent*	**nevinný**

insect	*insekt*	**hmyz**
inside	*insajd*	**uvnitř**
instruction	*instrakšn*	**návod**
instructor	*instraktr*	**instruktor**
insulation	*insulejšn*	**izolace**
insurance	*inšúrens*	**pojištění**
intelligence	*intelidžens*	**rozum**
intelligent	*intelidžent*	**inteligentní**
interior	*intírior*	**interiér**
interpreter	*interpretr*	**tlumočník**
intersection	*intesekšn*	**křižovatka**
interval	*interval*	**interval**
intimate	*intimejt*	**důvěrný**
intimate	*intimejt*	**intimní**
to introduce, meet	*tu intrdjús, mít*	**představit (se)**
investment	*investment*	**investice**
to invite	*tu invajt*	**pozvat**
iodine	*ajodýn*	**jód**
Ireland	*ajrlend*	**Irsko**
Irish	*ajriš*	**Ir**
iron	*ajron*	**železo, žehlička**
to iron	*tu ajron*	**žehlit**
ironing-board	*ajroning bórd*	**žehlicí prkno**
island	*ajlend*	**ostrov**
it	*it*	**to**
to itch	*tu ič*	**svědět**

j

jacket	*džekit*	**bunda**
jam	*džem*	**marmeláda**
joke	*džouk*	**vtip**
juice	*džús*	**džus**

k

to keep	*tu kíp*	**držet**
key	*kí*	**klíč**
key word	*kí vórd*	**heslo**
kidney	*kidny*	**ledviny**
king	*king*	**král**
kiss	*kis*	**polibek**
to kiss	*tu kis*	**líbat**
kitchen	*kičin*	**kuchyně**
knee	*ný*	**koleno**
knife	*najf*	**nůž**
knife and fork	*najf end fórk*	**příbor**
knot	*not*	**uzel**
to know	*tu nou*	**vědět**
kosher	*košer*	**košer**

l

label	*lejbl*	**nálepka**
ladder	*ledr*	**žebřík**
lake	*lejk*	**jezero**
lamb	*lem*	**jehněčí**
lamp	*lemp*	**lampa**
land	*lénd*	**země**
language	*lengvidž*	**jazyk (řeč)**
larynx	*larynks*	**hrtan**
last	*lást*	**poslední**
late	*lejt*	**pozdě**
later	*lejtr*	**později**
laundry	*lóndri*	**prádelna**
to laugh	*to láf*	**smát se**
law	*ló*	**zákon**
lawyer, attorney (am.)	*lojr, atérny*	**právník**

to learn	*tu lérn*	**učit se**
leather	*ledr*	**kůže**
to leave	*tu lív*	**opustit**
leg, foot	*leg, fút*	**noha**
lemon	*lemon*	**citrón**
lemonade	*lemonejd*	**limonáda**
to lend	*tu lend*	**půjčit (někomu)**
length	*lengt*	**délka**
lentil	*lentil*	**čočka**
lesbian	*lesbijn*	**lesba**
less	*les*	**méně**
lesson	*lesn*	**lekce**
letter	*letr*	**dopis**
library	*lajbreri*	**knihovna (instituce)**
lie	*laj*	**lež**
to lie	*tu laj*	**ležet**
lift, elevator (am.)	*lift, elevejtr*	**výtah**
light	*lajt*	**světlo**
lighter	*lajtr*	**zapalovač**
lighthouse	*lajthaus*	**maják**
lighting	*lajting*	**osvětlení**
like	*lajk*	**jako**
limousine	*limusín*	**limuzína**
line	*lajn*	**čára**
line	*lajn*	**linie**
line	*lajn*	**řada**
lip	*lip*	**ret**
lipstick	*lipstik*	**rtěnka**
liqueur	*likér*	**likér**
to listen	*tu lisn*	**naslouchat**
literature	*litričr*	**literatura**
litter, garbage	*litr, gárbič*	**odpadky**
little	*litl*	**malý**
to live	*tu liv*	**žít**

l

liver	*livr*	**játra**
local	*loukl*	**místní**
lock	*lok*	**zámek**
to lock	*tu lok*	**zamknout**
locked	*lokd*	**zamčený**
lollipop	*lolipop*	**lízátko**
long	*long*	**dlouho**
to look for	*tu luk fór*	**hledat**
lorry, truck (am.)	*lori, trak*	**nákladní automobil**
to lose	*tu lúz*	**ztratit**
loud	*laud*	**hlasitý**
love	*lav*	**láska**
to love	*tu lav*	**milovat**
lover	*lavr*	**milenka**
lubricant	*lubriknt*	**lubrikant**
luck, happiness	*lak, hepinys*	**štěstí**
luggage, baggage (am.)	*lagič, begič*	**zavazadlo**
lunch	*lanč*	**oběd**

m

mackerel	*makrel*	**makrela**
madam	*medem*	**madam**
magazine	*megazín*	**magazín**
maize, corn (am.)	*mejz, kórn*	**kukuřice**
to make	*tu mejk*	**dělat**
malicious	*mališes*	**zlomyslný**
manager	*menedžr*	**manažér**
manicure	*menikjúr*	**manikúra**
map	*mep*	**mapa**
margarine	*margarín*	**margarin**
mark	*márk*	**značka**

market	*márkit*	**trh**
married	*merid*	**ženatý, vdaná**
mascara	*maskara*	**řasenka**
mashed potatoes	*mešt potejtous*	**bramborová kaše**
match	*meč*	**zápas**
matches	*metšis*	**sirky**
maybe	*mejbí*	**možná**
mayonnaise	*majonéz*	**majonéza**
meat	*mít*	**maso**
menstruation	*menstruejšn*	**menstruace**
menu	*meny*	**jídelníček**
message	*mesidž*	**vzkaz**
message	*mesidž*	**zpráva**
microwave oven	*majkrovejv avn*	**mikrovlnná trouba**
mild	*majld*	**jemný**
milk	*milk*	**mléko**
mirror	*miror*	**zrcadlo**
to miss	*tu mis*	**stýskat si**
mistake	*mistejk*	**chyba**
moment	*moument*	**okamžik**
monastery	*monastery*	**klášter**
money	*many*	**peníze**
moped	*mouped*	**moped**
more	*mór*	**více**
morning	*mórning*	**ráno**
motel	*motel*	**motel**
mother	*madr*	**matka**
motorcycle, bike (am.)	*motorcajkl, bajk*	**motocykl**
motorway, highway (am.)	*motorvej, hajvej*	**dálnice**
mountain	*mauntin*	**hora**
mouse	*maus*	**myš**

m

moustache	*mustáš*	**knír**
mouth	*maut*	**ústa**
much, many	*mač, meny*	**mnoho**
muscle	*masl*	**sval**
museum	*mjusím*	**muzeum**
mushroom	*mašrúm*	**houba**
music	*mjúzik*	**hudba**
musical comedy	*mjúzikl komedy*	**opereta**
mustard	*mastrd*	**hořčice**
my	*maj*	**moje**

n

naked	*nejkid*	**nahý**
napkin	*nepkin*	**ubrousek**
nationality	*nešnality*	**národnost**
natural	*nejčrl*	**přirozený**
nature	*nejčr*	**příroda**
necessary	*neseseri*	**nutný**
neck	*nek*	**krk**
necklace	*neklis*	**náhrdelník**
needle	*nýdl*	**jehla**
negative	*negativ*	**negativ**
neighbour, neighbor (am.)	*nejbr*	**soused**
nephew	*nefjú*	**synovec**
nerve	*nérv*	**nerv**
Netherlands	*nedrlends*	**Nizozemsko**
never	*nevr*	**nikdy**
new	*njú*	**nový**
New Zealand	*njú zílend*	**Nový Zéland**
New Zealander	*njú zílendr*	**Novozélanďan**
news	*njús*	**zprávy (televizní)**
newspaperman	*njúspejprmen*	**novinář**

m
n

next to	*next tu*	**vedle (místně)**
nice	*najs*	**hezký**
nice	*najs*	**milý**
nice	*najs*	**pěkný**
niece	*nýs*	**neteř**
night	*najt*	**noc**
no	*nou*	**ne**
noise	*nois*	**hluk**
non-alcoholic	*non akoholik*	**nealkoholický**
normal	*nórml*	**normální**
north	*nórt*	**sever**
Norway	*nórvej*	**Norsko**
Norwegian	*norvídžn*	**Nor**
nose	*nous*	**nos**
nothing	*natink*	**nic**
novel	*nouvl*	**román**
nowhere	*nouvér*	**nikde**
nudism	*njúdism*	**nudismus**
number	*nambr*	**číslo**
nurse	*nérs*	**ošetřovatelka**
nut	*nat*	**ořech**

n
o

o

occupied	*okjupajd*	**obsazeno**
octopus	*oktopus*	**chobotnice**
off	*of*	**vypnuto**
office	*ofis*	**kancelář, ordinace**
office	*ofis*	**úřad**
often	*eften*	**často**
oil	*ojl*	**nafta**
oil	*ojl*	**olej**
old	*ould*	**starý**
olive	*olív*	**oliva**

omelette	*omlit*	**omeleta**
on	*on*	**na**
on	*on*	**zapnuto**
on draught, on tap	*on draut, on tep*	**točené (pivo)**
on the left	*on d left*	**nalevo**
on the left	*on d left*	**vlevo, nalevo**
on the right	*on d rajt*	**vpravo, napravo**
one	*uan*	**jeden**
onion	*onion*	**cibule**
open	*oupen*	**otevřeno**
opener	*oupener*	**otvírák**
opening hours	*oupening aurs*	**otvírací doba**
opera	*opra*	**opera**
to operate	*tu operejt*	**fungovat**
opposite	*opozit*	**naproti**
optician	*optišn*	**optik**
or	*ór*	**nebo**
orange	*orindž*	**pomeranč**
order	*órdr*	**pořádek**
order	*órdr*	**řád**
other	*adr*	**jiný**
over	*ouvr*	**přes**
overdrive, pass (am.)	*ouvrdrajv, pés*	**předjet**
oyster	*ojstr*	**ústřice**

p

pain	*pejn*	**bolest**
paint	*pejnt*	**lak**
pair	*pér*	**pár**
palace	*pelis*	**palác**
pan	*pen*	**pánev**
panties	*pantýs*	**kalhotky**

paper	*pejpr*	**papír**
parasol	*parasol*	**slunečník**
parents	*pernts*	**rodiče**
park	*párk*	**park**
part	*párt*	**díl**
partner	*pártner*	**partner**
party	*párty*	**večírek**
passenger	*pésindžr*	**cestující**
passport	*pásport*	**pas (cestovní)**
patient	*pejšnt*	**trpělivý**
pavement, sidewalk (am.)	*pejvment, sajdvók*	**chodník**
to pay	*tu pej*	**platit**
peach	*píč*	**broskev**
peak	*pík*	**vrchol**
pear	*pír*	**hruška**
pearl	*perl*	**perla**
peas	*pís*	**hrášek**
pedicure	*pedikjúr*	**pedikúra**
pen	*pen*	**pero**
pen	*pen*	**propiska**
pencil	*pensil*	**tužka**
penis	*pínyz*	**penis**
people	*pípl*	**lidé**
pepper	*pepr*	**paprika**
pepper	*pepr*	**pepř**
performance	*perfórmens*	**představení**
perfume	*perfjúm*	**parfém**
person	*pérsn*	**osoba**
personal	*pérsonl*	**osobní**
petrol station, gas station (am.)	*petrol stejšn, gés stejšn*	**čerpací stanice**
petrol, gasoline (am.)	*petrol, gesolín*	**benzín**

p

philharmonic orchestra	*filharmonik ókestra*	**filharmonie**
phlegm	*flegm*	**hlen**
phrase	*frejz*	**fráze**
physical	*fizikl*	**fyzický**
to pick up	*tu pik ap*	**vyzvednout**
picnic	*piknyk*	**piknik**
pike	*pajk*	**štika**
pill	*pil*	**tableta (prášek)**
pillow	*pilou*	**polštář**
pin	*pin*	**špendlík**
pineapple	*pajnepl*	**ananas**
pint	*pajnt*	**pinta**
pipe	*pajp*	**dýmka**
pity	*pity*	**škoda**
place	*plejs*	**místo**
plain	*plejn*	**rovný**
plan	*plen*	**plán**
plant	*plant*	**rostlina**
plate	*plejt*	**talíř**
platform	*platfórm*	**nástupiště**
pliers	*plajrs*	**kleště**
plum	*plam*	**švestka**
poison	*poisn*	**jed**
poisonous	*poisns*	**jedovatý**
Poland	*poulend*	**Polsko**
police	*polís*	**policie**
Polish	*pouliš*	**Polák**
pond	*pond*	**rybník**
pony	*pouny*	**poník**
pork	*pórk*	**vepřové**
Portugal	*portugl*	**Portugalsko**
Portuguese	*portugís*	**Portugalec**
post, mail (am.)	*poust, mejl*	**pošta**

p

postcard	*poustkárd*	**pohled**
poster	*poustr*	**plakát**
postman	*poustman*	**pošťák**
potatoes	*potejtous*	**brambory**
powder	*paudr*	**pudr**
power station	*paur stejšn*	**elektrárna**
pram, baby carriage (am.)	*prem, bejbi keridž*	**kočárek**
pregnant	*pregnant*	**těhotná**
to prepare	*to pripér*	**chystat**
prepared	*pripérd*	**připravený**
present, gift	*preznt, gift*	**dárek**
to press	*tu pres*	**stisknout**
pressure	*prešr*	**tlak**
price	*prajs*	**cena**
print	*print*	**tisk**
printer	*printr*	**tiskárna**
probably	*probebly*	**pravděpodobně**
problem	*problem*	**problém**
profession	*profešn*	**profese**
programme, program (am.)	*prougrem*	**program**
property	*proprty*	**majetek**
proposal	*propouzl*	**nabídka**
pub	*pab*	**hospoda**
pull	*pul*	**táhnout**
pump	*pamp*	**pumpa**
pupil	*pjúpil*	**žák**
purse, handbag (am.)	*pérs, hendbeg*	**kabelka**
to push	*tu puš*	**tlačit**
puzzle	*pazl*	**skládačka**
pyjamas, pajamas (am.)	*padžámas*	**pyžamo**

p

q

quarrel	*kvorl*	**hádka**
quarter	*kvótr*	**čtvrť**
queen	*kvín*	**královna**
question	*kvesčn*	**otázka**
queue, line (am.)	*kjú, lajn*	**fronta**
quick, fast	*kuik, fást*	**rychlý**
quickly	*kuikli*	**rychle**

r

radio	*rejdiou*	**rádio**
radio set	*rejdiou set*	**rádio (přijímač)**
radish	*rediš*	**ředkvička**
railway crossing, railroad crossing (am.)	*rejlvej krosing, rejlroud krosing*	**železniční přejezd**
railway, railroad (am.)	*rejlvej, rejlroud*	**železnice**
rain	*rejn*	**déšť**
raisin	*rejsin*	**rozinka**
to rape	*tu rejp*	**znásilnit**
raspberry	*raspberi*	**malina**
razor blade	*rejzr blejd*	**žiletka**
to read	*tu ríd*	**číst**
ready	*redy*	**připravený**
real	*ríl*	**skutečný**
recipe	*risíp*	**recept**
recommend	*rikomend*	**doporučit**
refrigerator	*refridžerejtr*	**chladnička**
rehearsal	*rihérsl*	**cvičení (nacvičování)**
to rent	*tu rent*	**pronajmout**
rental	*rentl*	**opůjčovna**

repair	*ripér*	**oprava**
to repeat	*tu ripít*	**opakovat**
republic	*ripablik*	**republika**
request	*ríkvest*	**žádost**
rescue	*riskjú*	**záchrana**
reserve	*risérv*	**rezerva**
to reserve	*tu rezérv*	**zamluvit (rezervovat)**
responsible	*rispónsibl*	**odpovědný**
rest	*rest*	**odpočinek**
restaurant	*ristorant*	**restaurace**
restriction	*restrikšn*	**omezení**
result	*rizólt*	**výsledek**
retirement	*ritajrment*	**důchod**
return	*ritérn*	**návrat**
to return	*tu ritérn*	**vrátit se**
rheumatism	*rjumatism*	**revmatismus**
rib	*rib*	**žebro**
rice	*rajs*	**rýže**
to risk	*tu risk*	**riskovat**
river	*rivr*	**řeka**
road	*roud*	**cesta**
roasted	*roustyd*	**pečený**
rock	*rok*	**skála**
roll	*rol*	**houska**
roof	*rúf*	**střecha**
room	*rúm*	**místnost**
rose	*rouz*	**růže**
rotunda	*rotunda*	**rotunda**
rough	*raf*	**hrubý**
route	*rút*	**trasa**
rubber	*rabr*	**guma**
ruin	*ruin*	**zřícenina**
run	*ran*	**běh**
to run	*tu ran*	**běžet**

r

| Russia | *raša* | **Rusko** |
| Russian | *rašn* | **Rus** |

s

sad	*séd*	**smutný**
safe	*sejf*	**bezpečný**
safety	*sejfty*	**bezpečnost**
safety belt	*sejfty belt*	**pás (bezpečnostní)**
to sail	*tu sejl*	**plavit se**
salad	*sélid*	**salát**
salami	*salámi*	**salám**
sale	*sejl*	**prodej**
sale	*sejl*	**výprodej**
salt	*sólt*	**sůl**
salty	*sólty*	**slaný**
same	*sejm*	**stejný**
sandy	*séndy*	**písečný**
sanitary towel	*senyteri tauls*	**vložka menstruační**
satisfied	*setysfájd*	**spokojený**
sauce	*sós*	**omáčka**
sauna	*sauna*	**sauna**
sausage	*sosidž*	**klobása, párek**
to saw	*tu só*	**řezat**
scarf	*skárf*	**šátek**
scissors	*sizrs*	**nůžky**
screw	*skrú*	**šroub**
screwdriver	*skrúdrajvr*	**šroubovák**
sculpture	*skalpčr*	**socha**
sea	*sí*	**moře**
seashore	*síšór*	**pobřeží**
seat	*sít*	**sedadlo**
second	*seknd*	**druhý**

r
s

sedative	*sedativ*	**sedativum**
to see	*tu sí*	**hledět, vidět**
to send	*tu send*	**poslat**
sentence	*sentens*	**věta**
serious	*sirios*	**vážný**
service	*sérvis*	**služba**
to sew	*to sou*	**šít**
sewing machine	*sóing mešín*	**šicí stroj**
shade, shadow	*šejd, šedou*	**stín**
shallow	*šelou*	**mělký**
shampoo	*šampú*	**šampón**
shark	*šárk*	**žralok**
sharp	*šárp*	**ostrý**
to shave	*tu šejv*	**oholit se**
shaving blade	*šejving blejd*	**žiletka**
shaving foam	*šejving foum*	**pěna na holení**
she	*ší*	**ona**
shelf	*šelf*	**polička**
shell	*šel*	**lastura**
shirt	*šért*	**tričko**
shock	*šok*	**šok**
shoes	*šús*	**boty**
shop assistant, clerk (am.)	*šop asistant, klérk*	**prodavač**
shop, store (am.)	*šop, stór*	**obchod**
shorts	*šórts*	**šortky**
shoulder	*šouldr*	**rameno**
to shout	*tu šaut*	**křičet, řvát**
shovel	*šavl*	**lopata**
to show	*tu šou*	**ukázat**
shower	*šaur*	**sprcha**
shy	*šaj*	**ostýchavý**
school	*skúl*	**škola**
side	*sajd*	**strana**

S

side dish	*sajd diš*	**příloha**
sieve	*sív*	**sítko**
sign	*sajn*	**znak**
signature	*signičr*	**podpis**
silence	*sajlens*	**ticho**
silver	*silvr*	**stříbro**
simple	*simpl*	**jednoduchý**
sink	*sink*	**umyvadlo**
single	*singl*	**svobodný (stav)**
sister	*sistr*	**sestra**
to sit	*tu sit*	**sednout si**
size	*sajz*	**velikost**
skin	*skin*	**kůže (pokožka)**
skin	*skin*	**pleť**
to sleep	*tu slíp*	**spát**
sleeve	*slív*	**rukáv**
to slip	*tu slip*	**uklouznout**
Slovak	*slouvek*	**Slovák**
Slovakia	*slovákia*	**Slovensko**
Slovenia	*slovínija*	**Slovinsko**
Slovenian	*slovínijn*	**Slovinec**
slowly	*slouli*	**pomalu**
smack	*smek*	**facka**
to smell	*tu smel*	**cítit, páchnout**
to smoke	*tu smouk*	**kouřit**
smoked	*smoukt*	**uzený**
snake	*snejk*	**had**
snapshot, photograph (am.)	*snepšot, foutogref*	**fotografie**
snow	*snou*	**sníh**
so	*sou*	**tak**
soap	*soup*	**mýdlo**
sock	*sok*	**ponožka**
socket	*sokit*	**zásuvka**

S

sole	*soul*	**podrážka**
somebody	*sambody*	**někdo**
someday	*samdej*	**někdy**
son	*san*	**syn**
soon	*sún*	**brzo**
sour, acid	*saur, esid*	**kyselý**
source	*sórs*	**zdroj**
south	*saut*	**jih**
souvenir	*suvneýr*	**suvenýr**
spa	*spa*	**lázně**
spaghetti	*spagety*	**špagety**
Spain	*spejn*	**Španělsko**
Spanish	*spéniš*	**Španěl**
to speak	*tu spík*	**mluvit**
special	*spešl*	**speciální**
specialty	*spešlty*	**specialita**
spell	*spel*	**hláskovat**
spinach	*spinič*	**špenát**
spine	*spajn*	**páteř**
spoon	*spún*	**lžička**
sport	*spórt*	**sport**
spot	*spot*	**skvrna**
spring	*spring*	**jaro**
square	*skvé*	**náměstí**
stadium	*stejdijum*	**stadión**
staging	*stejdžing*	**inscenace**
stairs	*stérs*	**schodiště**
stamp	*stemp*	**známka (poštovní)**
station	*stejšn*	**stanice**
to stay	*tu stej*	**zůstat**
to steal	*tu stíl*	**ukrást**
steam	*stým*	**pára**
steel	*stýl*	**ocel**
stereo	*steriou*	**stereo**

S

sting	*sting*	**žihadlo**
stomach	*stomak*	**žaludek**
stomach ache	*stomak ejk*	**žaludeční potíže**
storm	*stórm*	**bouře**
stove	*stouv*	**kamna**
straight	*strajt*	**rovně**
strawberry	*stróbery*	**jahoda**
street	*strít*	**ulice**
to study	*tu stady*	**studovat**
style	*stajl*	**styl**
subway, underpass (am.)	*sabvej, andrpés*	**podchod**
to succeed	*tu saksíd*	**uspět**
sugar	*šugr*	**cukr**
suit	*sjút*	**oblek, kostým**
summer	*samr*	**léto**
sun	*san*	**slunce**
sure	*šúr*	**jistě**
surname, last name (am.)	*sérnejm, lást nejm*	**příjmení**
surprise	*suprajs*	**překvapení**
to swallow	*to svolou*	**polykat**
to sweat	*tu svet*	**potit se**
Swede	*svíd*	**Švéd**
Sweden	*svídn*	**Švédsko**
sweet	*svít*	**sladkost**
sweet	*svít*	**sladký**
sweet course, dessert (am.)	*svít kórs, dizért*	**dezert**
sweet, candy (am.)	*svít, kéndy*	**bonbón**
swelling	*sveling*	**otok**
to swim	*tu svim*	**plavat**
swimsuit	*svimsjút*	**plavky**
to swindle	*tu svindl*	**švindlovat**

S

Swiss	svis	Švýcar
Swiss cheese	svis číz	ementál
to switch	tu svič	přepnout
Switzerland	svitzrland	Švýcarsko
synagogue	synagoug	synagoga
system	systym	systém

t

to take	tu tejk	vzít
tampon	tampon	tampón
tap, faucet (am.)	tap, fósit	kohoutek
tar paper	tá pejpr	lepenka
taste	tejst	chuť
to taste	tu tejst	ochutnat
tea	tý	čaj
teacher	tíčr	učitel
telegram	teligrem	telegram
telephone	telifoun	telefon
television	televižn	televize
to tell	tu tel	říci
temperature	tempričr	teplota
temple	templ	chrám
tender	tendr	něžný
tennis	tenis	tenis
tent	tent	stan
terrace	teris	terasa
tetanus	tatanus	tetanus
textiles	tikstajls	textil
thanks	tenks	díky
that	det	že
theatre, theater (am.)	tietr	divadlo
theft	teft	krádež

their	*deir*	**jejich**
there	*dér*	**tam**
thermometer	*thermoumítr*	**teploměr**
they	*dej*	**oni**
thief	*tíf*	**zloděj**
thin	*tin*	**tenký**
thing	*ting*	**věc**
to think	*tu tink*	**myslet**
third	*térd*	**třetí**
thirst	*térst*	**žízeň**
thirsty	*térsty*	**žíznivý**
thread	*tred*	**nit**
to throw	*tu trou*	**hodit**
to throw up	*tu trou ap*	**zvracet**
thumb	*tamb*	**palec**
ticket	*tykit*	**jízdenka**
tie	*taj*	**kravata**
tight	*tajt*	**těsný**
till	*til*	**do (časově)**
time	*tajm*	**čas**
timetable, schedule (am.)	*tajmtejbl, skedžl*	**jízdní řád**
tin, can (am.)	*tin, ken*	**konzerva**
tip	*tip*	**spropitné**
to	*tu*	**do (místně)**
to	*tu*	**k (ke)**
tobacco	*tobekou*	**tabák**
toboggan	*tobogan*	**tobogan**
today	*tudej*	**dnes**
toilet	*toilit*	**toaleta (WC)**
toilet paper	*toilit pejpr*	**toaletní papír**
tomato	*tomátou*	**rajče**
tomorrow	*tumorou*	**zítra**
tongue	*tang*	**jazyk**

t

tonsilitis	·tonsilajtis	angína
tool	túl	nástroj
tooth	tút	zub
tooth brush	tút braš	zubní kartáček
tooth paste	tút pejst	zubní pasta
tourist	turist	turista
towel	taul	ručník
tower	taur	věž
town	taun	město
toy	toj	hračka
track	trek	trať
traffic	trefik	doprava
traffic jam	trefik džem	dopravní zácpa
traffic sign	trefik sajn	dopravní značka
train	trejn	vlak
training	treinink	cvičení
tram, streetcar (am.)	trem, strítkár	tramvaj
to translate	tu translejt	přeložit (text)
translator	translejtr	překladatel
to travel	tu trevl	cestovat
to treat	to trít	zacházet
trip	trip	výlet
trouble	trabl	těžkost
trousers, pants (am.)	trausrs, pants	kalhoty
trout	traut	pstruh
to try	tu traj	zkusit
tumour, tumor (am.)	tjumor	nádor
tuna	túna	tuňák
tunnel	tanl	tunel
Turk	térk	Turek
Turkey	térki	Turecko

t

turn on	_térn on_	**zapnout**
tuxedo, dinner-jacket (am.)	_taxídou, dinr džekit_	**frak**
tweezers	_tvízrs_	**pinzeta**
tyre, tire (am.)	_taja_	**pneumatika**

u

ugly	_agly_	**ošklivý**
Ukraine	_jukrajín_	**Ukrajina**
Ukrainian	_jukrajínijn_	**Ukrajinec**
umbrella	_ambrela_	**deštník**
unable	_anejbl_	**neschopen**
underground, subway (am.)	_andrgraund, sabvej_	**podzemní dráha**
to undress	_tu andres_	**svléknout (se)**
unemployed	_anemplojd_	**nezaměstnaný**
unfortunately	_anfóčnetly_	**bohužel**
university	_junivérsity_	**univerzita**
unleaded	_anledyd_	**bezolovnatý**
urgent	_érdžent_	**naléhavý**
urine	_jurín_	**moč**
usually	_južuali_	**obyčejně**

v

vaccination	_veksinejšn_	**očkování**
vaccination	_vaksinejšn_	**vakcinace**
vaccine	_vaksín_	**vakcína**
vagina	_vadžajna_	**vagína**
valid	_valid_	**platný**
valley	_veli_	**údolí**
value	_velju_	**hodnota**

vanilla	*vanilla*	**vanilka**
vase	*vejs*	**váza**
vaseline	*vaselín*	**vazelína**
veal	*víl*	**telecí**
vegan	*vegn*	**vegan**
vegetables	*vedžetabls*	**zelenina**
vegetarian	*vedžeterijn*	**vegetarián**
vegetarian food	*vedžeterijn fúd*	**vegetariánská strava**
vein	*vein*	**žíla**
ventilator	*ventilejtr*	**ventilátor**
video	*vidiou*	**video**
video cassette	*vidiou kaset*	**videokazeta**
village	*vilidž*	**vesnice**
vinegar	*vinygr*	**ocet**
violet	*vajlit*	**fialový**
violin	*vajlin*	**housle**
visa	*víza*	**vízum**
to visit	*tu vizit*	**navštívit**
vitamin	*vitamin*	**vitamín**
voice	*vois*	**hlas**
volcano	*volkejnou*	**vulkán**
volleyball	*volyból*	**volejbal**
voltage	*voltydž*	**napětí**

w

to wait	*to vejt*	**čekat**
waiter	*vejtr*	**číšník**
waitress	*vejtris*	**servírka**
to wake	*tu vejk*	**vzbudit se**
to wake up	*tu vejk ap*	**vstávat**
to walk	*tu vók*	**chodit, jít**
wallet	*valej*	**peněženka**

wardrobe	vódroub	šatník
warm	vórm	teplý
to want	tu vont	chtít
to warn	tu worn	varovat
to wash	tu voš	prát
wash-bowl	voš baul	umyvadlo
washing powder	vošing paudr	prášek na praní
wasp	vosp	vosa
water	vótr	voda
watermelon	vótrmelon	meloun
wave	vejv	vlna
way	vej	cesta (způsob)
we, us	ví, as	my
weak	vík	slabý
weather	vedr	počasí
weather forecast	vedr fórkást	předpověď počasí
wedding	veding	svatba
weekend	víkend	víkend
welcome	velkam	vítejte
west	vest	západ
wet	vet	mokrý
what	vot	co
wheel	víl	kolo
when	ven	kdy
which	vič	který
white	vajt	bílý
who	hú	kdo
why	vaj	proč
widow	vidou	vdova
widower	vidouer	vdovec
wife	vajf	manželka
wind	vind	vítr
window	vindou	okno

w

wine	*vajn*	**víno**
winter	*vintr*	**zima**
with	*vit*	**s (se)**
without	*vidaut*	**bez**
witness	*vitnys*	**svědek**
wonderful	*vandrful*	**překrásný**
wood	*vúd*	**dřevo**
wool	*vúl*	**vlna (materiál)**
word	*vórd*	**slovo**
worn out	*vorn aut*	**obnošený**
wounded	*vúndid*	**zraněný**
wrapped	*repd*	**zabalený**
wrist	*rist*	**zápěstí**
to write	*tu rajt*	**psát, napsat**
written	*riten*	**napsaný**

y

yacht	*jót*	**jachta**
to yawn	*tu jón*	**zívat**
year	*jír*	**rok**
yellow	*jelou*	**žlutý**
yes	*jes*	**ano**
yesterday	*jestrdej*	**včera**
yoghurt	*jogurt*	**jogurt**
you	*jú*	**ty**
you	*jú*	**vy**
Yugoslavia	*jugoslavija*	**Jugoslávie**
Yugoslavian	*jugoslavijn*	**Jugoslávec**

w
y

z

zebra	*zíbra*	zebra
zero	*zirou*	nula
zip, zipper	*zip, zipr*	zip
Zoo	*zjú*	zoologická zahrada
zucchini (am.)	*cukíny*	cuketa

BONUS

Hlavní země, ve kterých se domluvíte anglicky – Velká Británie, USA a řada dalších.

VELKÁ BRITÁNIE

Mezinárodní poznávací značka GB
Mezinárodní kód GBR
Měna GBP – britská libra (£) = 100 pencí

Mince

Zkratka	Hodnota, název
1p	A penny (one p)
2p	Two pence (two p)
5p	Five pence
10p	Ten pence
20p	Twenty pence
£1	A pound (a quid)

Bankovky

Zkratka	Hodnota, název
£5	Five pounds (five quid)
£10	Ten pounds
£20	Twenty pounds
£50	Fifty pounds

Rady na cestu

Potřebujete **cestovní pas ČR**, jehož platnost o šest měsíců přesahuje dobu pobytu. Pro pobyt do 180 dnů platí **bezvízový styk**. Při vstupu do Velké Británie přijdete vždy do styku s **imigračním úředníkem**, který na vás bude hledět svrchu (není tak vysoký, ale má podložené nohy) a bude předpokládat, že rozumíte jeho otázkám a srozumitelně mu odpovíte.

Na jeho rozhodnutí závisí, jestli se do Británie podíváte, nebo pojedete šupem domů. Proto je lépe připravit si předem anglicky odpověď na otázku, jaký je účel vaší cesty. Očekává se od vás, že máte s sebou 20 GBP/os./den (u studentů se toleruje 10 GBP/os./den). Pokud jedete na návštěvu, vyplatí se mít u sebe zvací dopis s adresou a telefonem hostitelů. Pokud úředník získá dojem, že snad chcete v Británii pracovat, do země vás nevpustí.

Pokud byste snad jeli autem, potěší vás, že mýtné na silnicích se neplatí, s výjimkou některých mostů a tunelů. Hromadná doprava je drahá, v Londýně se vyplatí denní či týdenní jízdenky. Svého psa s sebou raději neberte, předpisy jsou v Británii přísné a každé zvíře musí po příjezdu do šestiměsíční karantény.

V případě zdravotních problémů vás na základě dohody z roku 1976 ošetří lékaři ve státních zdravotnických zařízeních, zubaři ovšem inkasují 80 % ceny na místě. Pro případ nehody se vyplatí sjednat **zvláštní pojištění zavazadel a následků úrazu.**

Pokud by u vás byly nalezeny tvrdé drogy, hrozí vám až doživotí (tresty jsou odstupňovány podle množství drogy).

Důležitá čísla

999	první pomoc
999	policie
999	hasiči

Důležitá adresa

Velvyslanectví České republiky v Londýně:
Embassy of the Czech Republic
26 Kensington Palace Gardens
London W8 4QY
tel.: 0044171 2431115, 00441712437920
fax: 0044171 7279654

SPOJENÉ STÁTY AMERICKÉ

Mezinárodní poznávací značka USA
Mezinárodní kód USA
Měna USD – americký dolar (\$) = 100 centů (¢)

Mince

Zkratka	Hodnota, název
1¢	A cent (a penny)
5¢	Five cents (a nickel)
10¢	Ten cents (a dime)
25¢	Twenty-five cents (a quarter)
50¢	Fifty cents (half a buck)

Bankovky

Zkratka	Hodnota, název
\$1	A dollar (a buck)
\$5	Five dollars (five bucks)
\$10	Ten dollars
\$20	Twenty dollars
\$50	Fifty dollars
\$100	Hundred dollars

Rady na cestu

Potřebujete **cestovní pas ČR**, jehož platnost o šest měsíců přesahuje dobu pobytu. **Vízum** můžete obdržet na zastupitelském úřadě USA (nežádejte na poslední chvíli, nějakou dobu to trvá). I když ho získáte, není to ještě zárukou, že vás do USA vpustí. Stejně jako v Británii se ocitnete před imigračním úředníkem, který bude mít váš další osud ve svých rukou. Pokud vám zamítne vstup, můžete buď dobrovolně odjet nejbližším spojem domů, nebo požádat o slyšení před imigračním soudem. V tom případě se ocitnete ve vazbě až do termínu slyšení – úřadům všechno trvá tak dlouho, že vyčerpáte svou dovolenou ve vazbě a ještě rádi pojedete domů. Po negativním rozhodnutí soudu následuje deportace a na tři roky ztratíte možnost získat nové vízum.

Turistické vízum vás v žádném případě neopravňuje k tomu, abyste se v USA snažili sehnat práci. Doba vašeho pobytu je kontrolována prostřednictvím počítačového vyhodnocování speciálních karet, které spolu s celní deklarací obdržíte už v letadle nebo na lodi. **Obojí vyplňte správně ve všech rubrikách a v angličtině!**

Bezcelně můžete dovézt dárky v hodnotě do 100 USD, nad tuto výši se vyměřuje desetiprocentní clo. Dovoz potravin je striktně zakázán.

Zdravotní péče je velmi drahá, uzavřete proto před cestou **zdravotní pojištění na naléhavé lékařské zákroky** alespoň do výše 50 000 USD.

Důležitá čísla

911	záchranná služba
911	policie
911	hasiči

Důležité adresy

Velvyslanectví USA v ČR
Tržiště 15
118 01 Praha 1 – Malá Strana
tel. 02/24510847, 531200

Velvyslanectví České republiky ve Washingtonu:
Embassy of the Czech Republic
3900 Spring of Freedom St. N.W.
Washington D.C. 20008
tel.: 001202 2749100, 001202 2749103
fax: 001202 9668540

Generální konzulát České republiky v Los Angeles:
Consulate General of the Czech Republic
10990 Wilshire Blvd., Suite 1100
Los Angeles, CA 90024
tel.: 001310-4730889
fax: 001310-4739813

Honorární konzulát ČR ve Fort Washingtonu:
Honorary Consulate of the Czech Republic
417 Bethlehem Pike
Fort Washington, PA 19034-0327
tel. 001215-6415687, 6415677
fax 001215-6415678, 6463493

Honorární konzulát ČR v Dallasu:
Honorary Consulate of the Czech Republic
3239 Oradell Lane
Dallas, TX 75220
tel. 001214-3506871
fax 001214-3509611

Honorární konzulát ČR v Houstonu:
Honorary Consulate of the Czech Republic
Sinex and Stephenson
2323 S. Shepherd, Suite 1400
Houston, TX 77019
tel. 001713-5233030

Honorární konzulát ČR v Buffalo:
Honorary Consulate of the Czech Republic
10545 Main Street
Clarence, NY 14031
tel. 001716-7596079
fax 001716-7597925

Honorární konzulát ČR v Atlantě:
Honorary Consulate of the Czech Republic
2110 Powers Ferry Rd.
Suite 220
Atlanta, GA 30339
tel. 001404-9512922
fax 001404-9510751

Honorární konzulát ČR v Portlandu:
Honorary Consulate of the Czech Republic
Lincoln Center Five, 10200 S.W.
Greenburg Rd., Suite 35
Portland, OR 97223
tel. 001503-2939545
fax 001503-2939546

Honorární konzulát ČR ve Fort Lauderdale:
Honorary Consulate of the Czech Republic
Becker and Poliakoff, P.A.
Emerald Lake Corporation Park
3111 Stirling Road
Fort Lauderdale, FL 33312
tel. 001305-9877550
fax 001305-9854176

Honorární konzulát ČR v San Franciscu:
Honorary Consulate of the Czech Republic
201 Filbert Street, Suite 700
San Francisco, CA 94133
tel. 001415-3940152
fax 001415-3911895

PŘEVODOVÁ TABULKA

z	na	násobit
míry		
palce	centimetry	2,54
centimetry	palce	0,3937
stopy	metry	0,3048
metry	stopy	3,2810
yardy	metry	0,9144
metry	yardy	1,0940
míle	kilometry	1,6090
kilometry	míle	0,6214
plošné míry		
akry	hektary	0,4047
hektary	akry	2,4710
váhové míry		
unce	gramy	28,35
gramy	unce	0,0353
libry	gramy	453,6
gramy	libry	0,0022
libry	kilogramy	0,4536
kilogramy	libry	2,205
tuny	metrické tuny	1,0160
metrické tuny	tuny	0,9842

BUCKINGHAMSHIRE
DIALECT

A selection of words and anecdotes
from around Buckinghamshire

by
Mary Keynes

BRADWELL
BOOKS

Published by Bradwell Books
9 Orgreave Close Sheffield S13 9NP
Email: books@bradwellbooks.co.uk

British Library Cataloguing in Publication Data:
a catalogue record for this book is available from the
British Library.

1st Edition

ISBN: 9781910551448

Design by: Andrew Caffrey

Print: Gomer Press, Llandysul, Ceredigion SA44 4JL

Image Credits: iStock, Creative Commons and Cumbria
Image Bank. Images credited separately.

Introduction

While there are clear signs that the dialect of Buckinghamshire has changed a great deal in the last two centuries, in this book you can get to know the words and phrases that local people once used. You don't need to let your explorations go *'back-harrow'* or wonder whether you're *'on foot or on horseback'*! You can find out who (or what) *Benny Gaunt* was, what it means to *'Rodney about'* and why you don't want to be known as a *'narrow-post'*! Take a look inside for our glossary to feel *'bobbish'* about the dialect of bygone Buckinghamshire!

Whitewashed thatched cottages in Wendover iStock

3

You can also see why *'bodging'* is considered a very good thing round these parts and discover the curious connection between Buckinghamshire and one of the oldest children's toys and one of LEWIS CARROLL'S most famous characters.

Whether it is the miniature world which has delighted generations of people or what is probably English literature's best-known country churchyard, Buckinghamshire has been the source of many inspiring creations well beyond its county boundaries. As well as uncovering the words used by the local people of the past, you can also find out just how many well-loved writers were born in or simply inspired by the county. It's a literary legacy which is still going strong to this day. In fact take a look at any list of great literature and you're bound to find that it features writers with a link to Buckinghamshire! From the creator of *Charlie and the Chocolate Factory* to the person considered to be the greatest English poet to the Bard himself, leafy Bucks, as it is affectionately known, has been a vital source of inspiration for wordsmiths and thinkers of all kinds.

Why not see how Buckinghamshire and its fascinating dialect could inspire you?

Glossary

Animals and other creatures

Blue-hawk – sparrowhawk

Bottle-tit – the long-tailed titmouse

Callibolcher, Callibolchin – fledgling

Cheese-log – woodlouse

Chesham Cuckoo – a bag full of cuckoos was said to have been opened at Chesham on the day of the local fair (21 April). These are '*Chesham Cuckoos,*' was said to be that of a Chesham Cuckoo.

Cowkine – cows

Devil's darning needle – dragonfly

Effett – newt

Gooly-bug, Gooly-bee – ladybird

Hedge-pig – hedgehog

Hoddy, Hoddy-snail – the common snail

Hodimadod – snail

Horse-sting – a dragonfly; also a gadfly

Hundred-legs – centipede

Jim – sparrow

Joey – hedge-sparrow

Kibbler – a lame horse

Knell – knelling bees is beating an old pan while they are swarming, once considered an important ceremony

Land-effett – lizard

Lob-worm – the common earthworm

Magpie-yaffel – the greater spotted woodpecker

Many-legs – centipede or millipede

Money-spinner – a species of spider

Packman – the common land-snail

Sleeper or Sleepy-mouse – dormouse

Sowbug – woodlouse

Spadger – sparrow

Thave – ewe-lamb

Waps (plural Wapses or Waspies) – wasp

Whet-ile – green woodpecker

Wizzle – weasel

Yaffel – the green woodpecker

Yeller Bob – the yellowhammer

Yowe – ewe

Home

Aypern – apron

Babbings – the large bundles of wood once used to heat ovens for bread-making

Brevet – to rummage, to move about inquisitively; to search diligently

Cagmag – a state of disorder, a tangle, said of hair, yarn, etc.

Clack – talk: *'Hold your clack.'*

Cofa – a chest for clothes, etc.

Cotchel – an odd lot of anything; a collection or bundle of odd material, such as sticks for fire-lighting, odd meal, straw, etc.

Cotchel or Codgel up – to put roughly together, or 'anyhow'

Cubbed-up – contracted, narrow, small; said of a house or room

Geely-balks – the pot-hooks and chains hanging from the chimney over the old-fashioned wide fireplaces

Odds and eens – odds and ends

Pig in – to nestle, or lie, close together

Quobbling – the noise of a pot boiling

Thack – thatch

Food and drink

Barley-spanker – a kind of flat barley-cake

Barm – yeast, leaven

Bever, or baver – a drink or meal between the ordinary meals

Bub, grub and bub – food and drink

Frem – crisp, juicy

Gullop – to eat greedily

Ingle-milk – milk cooked in an unusual way over the fire

Injon, inon – onion

Piece – for *'something to eat'*

Poor will – small beer

Roseberry, rawseberry – raspberry

Soaked – said of bread when it is sufficiently baked

Suet-plugger – a suet dumpling. This was apparently a farm-boy's term for the chief delicacy of the times when he was fed by the farmer.

Suety isaacs – suet dumplings

Sukey – a 'pet' name for a tea-kettle

Swimmer – a piece of dough boiled in a saucepan, as a pudding

Tandra, or Tandrew Whigs – little cakes which were formerly eaten on St Andrew's day

Tantadlin – a small round open tart is called a tantadlin tart

Thrummety – frumenty

Tommy – food, provisions; bread

Tommy-bag – a bag for food

Tot – a small drinking-horn, or mug. Also used as a verb: *'Come, tot that beer out.'*

Trencher – a hearty eater: *'a good trencher-man'*

Turmut – turnip

Outdoors

Abroadyday – out of doors, in the open air. Used in speaking to small children.

Benny Gaunt – this name was sometimes used as a humorous reference to the sun. There may have been a link with a 'fighting man', i.e. a boxer or prize-fighter in the neighbourhood many years ago of the name of *Ben Gaunt* or *Caunt*.

Blow-ball – the seed head of the dandelion

Blustrous – for blustering, of the weather

Doomsday, Daddy-Doomsday – midnight

Duck's frost – rain

Finger cold – chilly, nipping

Grampy, Gravy – Old Man's Beard, or Traveller's Joy. Also used as a name for the thirteenth-century effigy of a priest in Ivinghoe Church, once referred to in some places as *'Grandfather Grey-beard'*.

Grandmother's Needle – the plant valerian

Heavens hard – very hard. Apparently only used of rain.

John Green – grass

Moondaisy – the oxe-eye, or Michaelmas daisy. Also called Dog-daisy.

Mungy – muggy, close and damp

Neest, Neestie (plural sometimes Neestesses, or Nesties) – a bird's nest

Parish lantern – the moon

Pound – a lock (on the river)

Shaw – a small strip of woodland

Shig-shag – an oak tree; a maple tree

Strit – for street (in a village)

Sunrising water – water from a spring flowing eastwards. Reputed to be good for sore eyes and bad sight.

Thunder-heads – round heads of cloud in a heavy bank, predicting thunder

Askett, thatched cottage with two women and girl in yard, c 1900
From the Buckinghamshire County Museum collections

People

Afeard – afraid

Agreeable – compliant

Argisome – argumentative, quarrelsome

Argle, Arguefy – to argue, dispute, chaffer

Back-answers – retorts

Barnce – silly

Bibber – a drinker

Bobbish – to signify 'well', 'in good health', in answer to enquiries after health: *'I'm pretty bobbish, thank'ee.'*

Boiling – a quantity or number of things or persons, but it rather signifies 'the lot' or 'entire number' or quantity. Generally used in the expression *'the whole boiling'*, seldom by itself, and never after any other adjective, such as 'large', 'great', etc.

Studio portrait of unknown baby girl with hat, bat and ball c1915

From the Buckinghamshire County Museum collections

Boosy – intoxicated

Boss – to miss one's aim

Budge – self-satisfied, contented, cheerful, *'uppity'*

Buffer – a foolish fellow

Canting – gossiping

Caution – a person or thing which is seen as remarkable in a disagreeable way is called a caution

Chatter-pie – a chatterer, *'chatter-box'*

Cue – temper: *'He's in a bad cue today'*

Cure – a quaint or peculiar person of any kind

Casualty (pronounced cazzlety) – used as an adjective; uncertain. *'Cazzelty weather'*, *'It's a cazzelty job.'* The word seems to have been used to describe buildings run up hastily. "Casualty" was the range of houses near Wendover built by Lord Verney's tenants when he had turned them out for voting against his nominee. There is also a row of poor cottages called *"Casualty"* at Hedgerley Sean.

Claypered, beclaypered – covered with mud and dirt

Clinking – capital, excellent

Come over, to – to become, to be affected, etc. *'I come over all of a tremble.'* To break upon the mind: *'It came over me all of a sudden as 'ow I were wrong.'* To overwhelm as by an argument: *'His argiment reg'ler come over me.'*

Customer – a person, 'chap', 'bloke'; *'He's an odd customer.'*

Cowl – coil in the old sense of disturbance, fuss, bother. *'There 'ud be a cowl and bother about it, if I did.'*

Dab, Dabster – a proficient person: *'He's a dab(ster) at it.'* To dab also means to put the hand suddenly down upon anything, to snatch at.

Dab wash – a small wash of clothes without boiling

Dandling about – for dawdling about

Dawsey – drowsy

Domino (verb) – to domineer: *'I won't allow nobody to domino over me'*; (noun) *'He isn't no small domino, either'*: masterful, giving himself airs, swaggering, perhaps with some thought of a bully.

Don – clever, active, proficient. Much the same as Dab, being generally used in *'a don hand at'* anything

Fayther – father

Finikin – provincial form of finical. Affectedly fine in manners, etc., precise in trifles.

Fly-by-night – used jocularly of a person of irregular habits

Foddered up – crowded

Form, to – to understand thoroughly, to 'get at the bottom' of a thing, etc. *'I never knowed 'ow it did 'appen; I never could form it, 'ardly.'*

Glouty – cross, ill-tempered

Grammer – grandmother

Gramp, Granf – grandfather

Grandfa – grandfather, also Gramfer

Hommock – to tread with clumsy feet. *'What made you go homockin' over that garden?'*

Hugg-mugging – underhand; secretly

Lummakin – heavy, awkward

Hurrocky – in a hurried manner, hasty, in a hurry

Kibble – to walk as with sore feet (kibed feet), to hobble, walk lamely.

Kinsman (usually pronounced kinman) – generally used for a cousin, not often for other relations

Lissom – supple, agile; perhaps for lithesome. Light, not weighty; glad; comfortable.

Litchup – an idle person, a loafer

Liver-by – a person living close by, with whom one is not on friendly terms. *'He's not a neighbour, he's a liver-by.'*

Maggled – flushed and feverish with heat

Masterful – liking his own way, domineering

Middling – *'in somewhat indifferent health'* or *'in fairly good health,'* according to the tone of voice

Miff – offence. *'He soon took miff.'*

Milky – half-heartedly, timidly

Mischieful, mischeevous – mischievous

Mizzymozzy – a state of confusion

Mobblin's gang – a rowdy company

Molly-peart – lively, pert, etc.

Mommered – dazed, confused in mind, *'flabbergasted'*

Mourn – moan, groan or complain

Narrow-post (pronounced nar-poost) – a skinflint, miser

Navvied – incapacitated

Nawin' – nothing

Near – mean, stingy

Never-swcat – a fussy or restless person, especially a fidgety child, is called *'old never-sweat'*

Noble – large, tall. *'A noble man'*: a big man.

Nointed – wicked, mischievous

Old – as term of endearment, in the sense of familiar, without any reference to age, is probably universal: *'Old Jim'*, *'Old fellow'*; *'my old man'* or *'my old 'ooman'*: my husband or my wife. Additionally it can also mean cunning or knowing. Also in the sense of bad-tempered, annoyed, or ferocious, of a man or animal: *'He looked precious old.'*

Onmassiful – very, severely, vigorously, etc. *'He went on summut unmassiful.'*

Peart – brisk, lively, bright, active, cheerful

Physog – for physiognomy, the face, generally used contemptuously.

Pickle – a mess, confusion; a mischievous boy

Pimmicking – slightly unwell, indisposed

Polcher – a poacher

Sauce-box – a saucy fellow

Sawney – a silly fellow, fool. From Italian zanni, probably from Latin sannio, one who makes mimicking grimaces, a buffoon or zany.

Sleepified – somewhat sleepy

Slommakin – slovenly

Slopput – to trapes along with a slovenly gait

Slotchet – to trapes along with a slovenly gait.

Smock-faced – smooth-faced, clean-shaven

Snommut – to trapes along with a slovenly gait

Soodle – to walk gently or aimlessly along

Stout – haughty, 'stand-offish,' etc.

Take on – to grieve, lament

Tittup – to run or walk making a slight pattering noise: *'I heard an old rat tittupping about overhead'; 'With his dog tittupping behind him.'*

To-do – a stir, bustle, commotion. *'A great to-do.'*

Trapes – to walk or move wearily, reluctantly or casually

Uppity – slightly conceited; in unusually good spirits

Upstrapalous – obstreperous

Urge – to irritate, make angry

Wobble – to reel, or move unsteadily

Worrit – worry; also (verb) to be worried, to be fretful

Leisure

Bawser, balser, bawsey, balsey – a large (playing) marble, also called an alley

Bough-house – a house or booth with a temporary license to sell beer. They were formerly seen at Ivinghoe fair, and others in the neighbourhood. They were said to be named after the bough or bush hung as a sign as in medieval alehouses.

Cook cuts – to draw cuts: to draw lots, generally by

means of cut straw

Devilment – mischief

Diddle – to trick, or cheat

Dinkse (pronounced dinx) – to walk in a fidgety manner; to dance anything (as a baby) in the arms; to walk in an affected manner. Adj. dinksy

Ditty – a tale, story, account. '*I up and told 'im the 'ole ditty*'; '*I 'eered the 'oole ditty.*'

Dull hunt – used for anything unprofitable. A man with a bad hand at dominoes would say '*Wal, this is a dull hunt, I call it.*'

Fiddle – to fidget with the fingers; to work at anything half-heartedly

Fiddling – trifling, unimportant

Kick-up – a frolic: '*we had a rare kick-up*'

Lay – to wager, bet

Lollup – to lounge, or loll about idly

Ramp – for romp, to jump about noisily

Set-out – a festive gathering of any kind

Pat-ball – a small ball for children's games

Pitch and toss, Pitch and hustle – a game is played as follows: a button or other small object, called the motty, is placed on the ground, to be thrown at with pence or halfpence. The thrower whose coin settles nearest the motty takes up all the coins thrown, and after shaking or 'hustling' them between his hands, lets them fall.

Those which settle head uppermost are his property. The remainder are handed to the player who has made the next most successful throw, and so on until all the coins find owners.

Titter-totter – a see-saw

Work

Colley Hill Farm, clamp of mangels and loaded cart with mangels.
From the Buckinghamshire County Museum collections

Aggle-cart – to cart wood

Aftermath, lattermath – the former is rather a second crop of hay; the latter is rather the feed; but the two words are actually synonymous. Both words are thought to refer to the second crop of grass after the first mowing, and either for grazing or cutting.

Bouting-plough – a double-furrow plough

Cavings – chaff, i.e. husks of corn after thrashing, not chopped straw

Chap-money – money which is abated or given again by the seller on receiving money (for the sale of cattle, or other farm produce)

Dog-trot – zigzag, from a resemblance to the prints of a dog's feet when running slowly. To dog-trot is to place alternately, or zigzag: in planting a hedge (of quicks, etc.), the plants are usually put in two rows, each plant a foot from the next, but the second row are not planted behind the front bushes, but placed midway between them, or dog-trotted.

Farm – to clean, e.g. *'Farm them pigs out.'*

Fore-horse – the lead horse of a team

Gret – to work by the piece

Hained – grassland kept for mowing

Heather – to wattle, or finish off the top of a laid hedge

Higgle – to haggle, to bargain: to hawk or peddle small ware; a higgler is a hawker, especially of rabbits, and one that collects live poultry from the cottagers and sells them to the poulterers in the towns

Husk – in grinding wheat, the terms in use are:
1st, husks; 2nd, pollard; 3rd, toppings; and, lastly, flour.

Kip – the flat rush-basket used by fishmongers, etc.

Lane – a tier or row of sheaves in a rick: *'The next lane 'll begin drawing in, for the ruff (= roof).'*

Largess (pronounced lardjiz) – among farm-labourers 'to keep largess' is to make up a supper party paid out of largess, which is money begged from the local tradesmen with whom the farmer has dealings, such as wheelwright, blacksmith, etc.

Logger – a straw-plaiting term; a 'setting' of seven splints of straw

Building the Jubilee bonfire on The Rye, 1897
From the Buckinghamshire County Museum collections

Odd-bodge-man – an unskilled labourer assisting an artisan. Odd-bodge-jobs were odd jobs for a man who didn't have a regular job.

Purrul – a straw-plaiting term, meaning to plait with four unsplit straws, to form an edging, or purfle

Rodney about – to hang about to pick up such odd jobs as holding horses, etc.; also said of a man who earns a living by such irregular trades as holding a coconut stall at the fairs. A Rodney, or Rodney-boatman, was an odd job man employed on the canal, to open the locks, etc.

Sawl – saw

Scuffle-hunter – a freshwater stevedore, or an extra hand taken on to assist in punting a barge past places where there was no towpath

Set – to hire; to let. In some areas of Buckinghamshire you could once see signs stating 'This House to Set.' The servant boys used to speak of having 'set' themselves for a year, at the annual 'statty fair' at Buckingham.

Showl – a shovel

Skewetting – wooden-skewer making. Formerly almost the only trade in Marlow, and elsewhere. Dog-wood was thought to be the material always used.

Skift – almost any form of rowing-boat

Snob – a cobbler

Snobbing – cobbling; the act of mending shoes

Spaddle – a kind of hoe

Stag – 'to stag', among workmen, is equivalent to 'keeping cave' among schoolboys, i.e. to watch for, and give timely notice of, the approach of the master. Once, many years ago, a Marlow builder had some work going on in close proximity to a pub. Going to see how things progressed one day, he was surprised to find not one of his men visible, but in their place a slightly confused man. The puzzled builder asked the man where the other men were, and was told they were in the pub. *'Oh, really! And pray, what are you doing here?' 'Stagging the old 'un!'* replied the man, who, with the best of intentions, had quite lost the point of his instructions. To stag could also mean to cut down within a few inches of the ground; to cut the leaders off a tree, or to cut its head off, for the sake of the 'lap' or lop. A staggard is a tree which has been lopped in this way.

Statty – a statute fair

Stoaching – 'to come stoaching along' is to come slowly

Stock-axe, or grubbin'-axe, or -hoe – an axe somewhat resembling a pick-axe used for stocking up hedges, etc.

Strawl – straw

Strike – a bushel of corn, regulated by passing a flat piece of wood (called a strike) over the measure; a strike therefore implies more exact measure than the term bushel.

Thiller – shaft-horse, -harness, shaft-harness.

Wusser – the narrow kind of barge for canal work, almost always brightly painted; usually seen two abreast on the wide river. Called elsewhere 'monkey-boat' or 'fly-boat'.

Yarn, or airn – earn

Yelm – to prepare straw for thatching, or hay for cutting into chaff, by arranging it in one direction. From Anglo-Saxon gilm, gelm, a handful of reaped corn, a sickle-full of corn.

Buckinghamshire phrases

All about – used ironically. *'You are all about a man.'*

All according – it depends. *'It's all according how he likes it.'*

An – used for on, especially in expressing anger, mockery or scorn; e.g., when in a peaceable frame of mind, a man might have said *'I think a lot on 'im'*, but when indignant, *'I don't think nothing an 'im'*. Also *'I want to catch on him'*, i.e. to catch him.

Aneust the matter – 'With reference to so and so' or 'apropos of so and so' or 'talking of so and so reminds me of', etc.

About – near. *'That's nothing about the size.'*

Above a bit – very much. *'He s'oore above a bit.'*

Afore – before

After – used somewhat in the sense of about, in such a sentence as *'He's after doing his work'*

Anew, enow – the plural of enough. *''Ad ye got anew clo'es on yer bed?'*

Ax – ask

Aw roight – all right

Back, to – to wager or bet. *'That ain't above a fortnit sin',*
I'll back.'

Back-harrow – *'Things begin to go back-harrow,'* i.e. affairs
begin to go badly

Be good – a valedictory expression. *'Be ye off, Bill? Wal, be*
good.'

Betwixt and between – midway. *'He's a nuther good nor bad,*
but betwix' and between-like.'

Brand-fire new – brand new

Daniel – *'Take your dannel!'* means *'Sling your hook'* or *'Be off!'*

Dutch uncle – *'I talked to him like a Dutch uncle,'* i.e. in a
paternal or avuncular manner. Also *'silly as a Dutch uncle'.*

Eetch out – to make anything go as far as possible, for
eke out. To plan out: *'Eetch out your work.'*

Foot or horseback – *'I didn't know whether I were on foot or*
horseback;' i.e. I was very confused

Go-day, come-day – *'He's a goo-day, come-day sort o' feller,'* i.e.
a happy-go-lucky person, improvident, lazy

Half i' two – *'broken half i' two'* – broken completely, in
two pieces

Hold with – agree with, or approve of; *'I don't hold with*
that way of doing it.'

However (pronounced a-wever) – this word was
frequently used. It is not used much with the meaning

'nevertheless', for which other phrases, such as 'all the same' or 'howsomever' were generally substituted, but nearly always with the meaning 'at all events', 'at least', 'that is to say'. *'I bought that old 'oss for five pounds; four pounds nineteen, 'a-wever.' 'I went up to the medder this aater-noon; 'a-wever, I went as fur as the ge-at.' 'He might 'a-gin me a pint, 'a-wever.'* In this sentence the emphasis was said to be on 'a-wever, giving it the meaning of 'at the very least'. *'You ma'n't play in the ditch; you shan't 'a-wever.' 'Well, this is a unkid day, 'a-wever.'* Here, again, the emphasis is on 'a-wever, and the meaning is 'to be sure' or 'certainly'.

If so be (tautological) – *'If so be I happens to think on it.'*

Impet – an imp, often applied to a mischievous child

Jack up – to give up, cease, give over. *'I jacked up work at five o'clock.'* Sometimes without up. *'What, jacked it already?'*

Kill-weather fair – an expression for hard weather

Make off – to make out, understand, comprehend. Also to pretend. *'I couldn't make off what he meant.' 'He tried to make off as he never done no sich thing.'*

Most-neen – generally

Mullock – rubbish. *'Our house is all of a mullock'* – all littered up, a mess, blunder, dilemma, an ill-managed affair.

Nation-sazed – extremely

No matters – *'It's no great matters'* is equivalent to *'It's not much account'* – of little importance; not much value

Nor – than; *'He a'in't no better nor 'e ought to be.'*

Not whatever – on no account; *'I woon't 'a'gin it 'im, not whatever.'*

Odds, to – to sort out, put into order, classify, etc. *'They be a queer lot; I never could odds 'em any'ow.'*

Crowd of children beneath John Wesley's Tree
Reproduced by permission of the Centre for Buckinghamshire Studies

On – of. *'You be afraid on him.' 'There was a heap on 'em.'*

Oncommon – very, extremely, remarkably

One – one or other

Pepse – to rain heavily, to pour. *'Law! That be a-pepsin' deown.'*

Pinked up – dressed up (in finery). Probably from the saying *'Clean as a pink.'* Also prigged out, and prinked up, or out.

Pitch a tale – to tell a story, more or less untrue

Play up a game – to be 'up' to something, of doubtful conduct

Pointing on – looking forward to

Robin Hood's barn – 'All round Robin Hood's barn' means in all directions, everywhere, on all sides. '*I've looked all round Robin Hood's barn, and I can't find him.*' The considerable stretch of country which contained Robin Hood's provisions (deer, etc.) might metaphorically be called his 'barn', and so the phrase could be applied to any large space.

Scissors, cross as – very irritable. 'To stare like scissors' is also a common phrase – to stare so hard as almost to become cross-eyed.

Shift – '*I could make shift to*' means '*I could manage to*'

Shilly-shally – to beat about the bush, not come to the point

Smahm, or smarm – to smahm the hair down was to make it smooth by the aid of hair-grease. To smahm a person down is to flatter him with specious words, etc. A smahmy person is one with insincere, ingratiating manners.

Snack, to – snatch, jerk. To go snacks is to share

So-fashions – in this or that manner

So help me ten and a boy – a humorous expression of amazement

Steel winds – very sharp, keen winds

Sup – to drink. '*You ain't a-drinkin', mate: Come! Sup.*' As a noun it means a draught of any liquid: '*I've 'ad neither boite ner sup since mornin'.*'

Talk broad – to talk impertinently

Thick – *'He's got it thick in for him'* – he has a grudge against him

Thing-a-my, thing-a-mighty – used in place of a word or name one cannot remember, in the same way as what's-his-name. Also used as a term of humorous contempt: *'Oh, 'im! Sich a thing-a-my as 'im wouldn't do no good.'*

Throw off, a – a hint. *'She give him a throw off.'*

Throw one's weight about – to put on airs

Time and again – often, frequently

Touch – time, occasion. It was said of a village club-feast: *'We did have a rare touch, I can tell ye.'*

Toucher – *'as near as a toucher'; 'as near as no odds'*: very nearly

Up-a-day – *'well-to-do', 'up in the world'*, in good circumstances; conceited

Up-end – to alter the position of anything (timber, stone, etc.) from a horizontal to perpendicular position

Up street – the regular expression in Marlow for in or into the town; as opposed to what was formerly called the fforrens. *'Shall you be going up street this evening?' 'He've took a house, somewheres up street.'*

Up to the last 'ole – as perfectly as possible. *'That suited me fine, up to the last 'ole.'*

Excerpts edited from a glossary created by GENUKI, transcribed from articles by ALFRED HENEAGE COCKS, published by the Buckinghamshire Archaeological Society. To view the full glossary, visit: **http://met.open.ac.uk/genuki/big/eng/BKM/Vocabulary/**

Old sayings about Buckinghamshire

Buckinghamshire bread and beef

This county does not seem to have been particularly famous for either bread or beef. Fuller says only that the former was as fine, and the latter as fat, as in any other county. Probably this was only written to give a rhyme to the following line:

Here, if you beat a bush, 'tis odds you'll start a thief.

Buckinghamshire was, in old times, quite a forest, and a harbour for thieves, till Leofstane, abbot of St. Albans, caused them to be cut down. This proverb seems hardly old enough to have any reference to that circumstance, as it is doubtful whether our ancestors were then sufficiently advanced in the science of gaming to calculate odds.

An old man who weds a buxom young maiden, biddeth fair to become a freeman of Buckingham

In all likelihood, the fabricator of this proverb, by 'a freet man of Buckingham' meant a cuckold; an event, it must be confessed, under those circumstances, much within the chapter of possibilities.

Excerpt from *A Provincial Glossary; With a collection of local proverbs, and popular superstitions* by FRANCIS GROSE, published 1811

About Buckinghamshire

Buckinghamshire is one of the Home Counties, the counties which surround London. While Aylesbury is Buckinghamshire's county town nowadays, this status was held by Buckingham in the past, creating a long-standing rivalry between the two places! Throughout its history, Buckinghamshire has been ruled by many people, including the Danes and the Saxons. Like most areas of the country, Buckinghamshire has seen its fair share of prosperity and problems, from the Buckingham fire of 1725 to the county's standing as an important area for wool and its central role as a base for the straw-plaiting industry.

The sign of the Swan

You can spot a clue to the ancient customs of Buckinghamshire on its traditional flag. The swan featured on the flag is a reference to the old tradition of breeding swans in the county for the king's pleasure. The graceful bird has also been closely associated with High Wycombe as well as with the county of Buckinghamshire as a whole. The first Duke of Buckingham, Humphrey, 6th Earl of Stafford, who took on his role in 1444, used the swan as his personal badge or crest. It is thought that the swan and Buckinghamshire were closely associated by the time he died in 1460.

However, it is believed by some that the connection between the swan and the county of Buckinghamshire goes back even further than this. According to one legend, a Danish chieftain used the sign of the swan as his personal standard. To this day, the swan still appears in the arms of Buckingham and on the crest of the University of Buckingham.

'The Loyal and Ancient Borough'

Buckingham's long history of loyalty to the Crown over the centuries led to it gaining the title of 'The Loyal and Ancient Borough'.

Leafy Bucks

Go anywhere in Buckinghamshire and you're likely to hear it referred to as 'leafy Bucks'. It's not hard to guess why. Local people are understandably proud of their county's beautiful landscape and large woodlands and the nickname reflects this. It's even easier to appreciate when you consider that a great deal of Buckinghamshire is classed as greenbelt land.

Speaking Buckinghamshire

There's no doubt that the Buckinghamshire accent has changed over time. In 2006, Sir John Mortimer commented in the Daily Telegraph that *'The Buckinghamshire accent has also disappeared and "How be up?" is never heard as a greeting.'* In 2012,

Grunge flag of Buckinghamshire iStock

Chesham Museum launched a project to make recordings of local people who still had the Buckinghamshire accent.

Coming from one of the Home Counties of England which surround London, along with Berkshire, Buckinghamshire, Essex, Hertfordshire, Kent, Surrey, and Sussex, Buckinghamshire people are said these days to have a Home Counties accent. The area for the Home Counties dialect is said to have widened to include Kent, Surrey, Sussex and parts of Buckinghamshire, Hertfordshire, Essex, Berkshire and Hampshire, as well as London, but we can predict that in a hundred years it will have expanded to include all of the rest of these counties plus parts of Cambridgeshire, Northamptonshire, Suffolk, Oxfordshire, Wiltshire and Dorset… It is likely that this trend will increase in future, with a smaller number of larger dialect areas than we have at the moment' (source: BBC).

Speech in Buckinghamshire is described as featuring 'r-coloured' vowels, as the established dialects distinguish between words like farther and father. Yet research undertaken some time ago suggested that accents in the south-east of England have been shifting fast and that everyone is starting to sound the same! Research undertaken in Milton Keynes gave a snapshot of what is happening with accents in other parts of the South. In studies done in the 1990s by the Economic and Social Research Council, researchers looked at what happened to the development of an accent in a

Long Crendon, two named men, one on horse-drawn sail reaper and one with sickle, c 1905 From the Buckinghamshire County Museum collections

new town rather than in an area with a well-established accent. What they discovered was that while the young people were all indeed beginning to sound the same, their accent wasn't at the same level as that of a London accent. So even though Milton Keynes has a distinctive accent, the changes taking place in the area make it more and more similar to a Home Counties accent, including Bedfordshire and Hertfordshire. But there is some good news about the evolving Buckinghamshire accent: a recent survey suggested that a 'neutral accent' like that of today's Home Counties is considered to be the best kind for getting ahead in life!

You can hear examples of the local dialect for yourself at: www.dialectsarchive.com/england

The original 'Mad Hatter'?

Some people believe that Chesham in Buckinghamshire was the birthplace of the inspiration for LEWIS CARROLL's 'Mad Hatter'! While it has never been proven for definite, one long-running theory is that a writer and hermit of the 1600s, ROGER CRABB, was the inspiration for one of Carroll's most eccentric characters. Whether or not you believe in the connection, there's no doubt that Crabb was one of Buckinghamshire's most notable figures. His career started with a role as a soldier in the Parliamentary Army, before he went on to work as a haberdasher, then becoming a hermit and a herbal doctor!

It is thought that it is Crabb's somewhat extreme (and for the time, very unusual) views on living an ascetic life which led to him being immortalised in one of English literature's most important works. After all, he was known to wear clothes made of sackcloth and to eat only parsnips and bran! But that wasn't all. Crabb gave himself the title *The English Hermit: The Wonder Of The Age* and lived in a hut in Ickenham. After starting to demonstrate an uncanny knack for predicting the future, Crabb was accused of witchcraft by the vicar of Uxbridge and had four stints in prison! One of his visions for the future was that the monarchy would be restored and in 1660 the son of the executed KING CHARLES did indeed take the throne as CHARLES II.

But Crabb wasn't just labelled as a witch. He was also a proud 'anti-sabbatarian', which meant that he did not observe Sunday as a non-working day. His books include *Dagons-Downfall*, which stated that the Sabbath had been turned into an idol. Crabb's tomb, which is in St Dunstan's churchyard in Stepney, is inscribed with the words: '*Through good and ill reports he past, oft censured, yet approved at last … a friend to everything that's good.*' We'll probably never know for sure if Crabb was the inspiration behind the Mad Hatter character, but one thing is certain – this Buckinghamshire man made his own very vivid contribution to history.

A complete Cock and Bull story?

Buckinghamshire is thought to be the origin of a well-known expression used all over the country. Next time you describe something as *'a load of Cock and Bull'* or *'a Cock and Bull story'*, you have a town in Buckinghamshire to thank, or so it is said! It all began in the North Buckinghamshire town of Stony Stratford, which is now part of Milton Keynes.

In the late eighteenth century, Stony Stratford was an important stopping-off point for passenger and mail coaches travelling between London and the North. As you might imagine in the times before social media and the internet, travellers were seen as important sources of news. Naturally, two important starting points for spreading information about current affairs were the town's two main inns – The Bull and The Cock. It was said that the inns competed to see which one could spread the most bizarre stories purporting to be from travellers, hence *'Cock and Bull'* stories! The wonderful thing is that both The Cock and The Bull are still going strong as pubs to this day so you can visit them and listen out for a Cock and Bull story yourself! Another, less entertaining theory about the expression is that it is actually just a corruption of *'a concocted and bully story'*, with *'bully'* coming from the Danish *bullen* or exaggerated.

Jack-in-the-box

The jack-in-the-box is an old toy fondly remembered by many people. But most of them probably wouldn't guess that this plaything of their childhood possibly owes its start in life to a holy well and an English saint!

Let's go back to the late 1200s when SIR JOHN SCHORNE was Rector of North Marston in Buckinghamshire. He had already gained something of a reputation thanks to curing many local people of toothache and gout. The story goes that Schorne had been asked to help cure a woman with epilepsy. Attributing her seizure to unholy intervention rather than to a medical condition (as was the way in those sadly less enlightened times) Schorne started working to 'cast out' the devil he believed was affecting her. Not only did he cast out the devil, but he also trapped him in a boot – which is thought to have been where the idea for the jack-in-the-box toy first came from!

During a serious drought, Schorne discovered a well with supposedly miraculous properties. This well (which was then named after him) was believed to have gained its special qualities through his prayers. Many came to drink from it. In fact, its reputation as a place of pilgrimage grew so much that houses had to be built nearby to accommodate visitors. The wall by the well is said to have had an inscription which read:

'Sir John Shorn,
Gentleman born,
Conjured the Devil into a Boot.'

To this day, Schorne is frequently pictured holding a boot with a devil in it. Although he was seen by many people as a saint, he was never actually canonised. You can still visit Sir John Schorne's Well in North Marston. Next time you see an old jack-in-the-box, don't forget its connection with a holy man from a small Buckinghamshire village!

North Marston, thatched cottages with residents
From the Buckinghamshire County Museum collections

Weighing the mayor

If you hear talk of 'weighing the mayor' in High Wycombe in Buckinghamshire, you will have stumbled across one of its more unusual traditions! As bizarre as it may seem, the Mayor of High Wycombe is weighed when he or she takes office and again each following year. The mayor actually sits on specially made brass scales and their weight is recorded and compared with the previous year's. Then the 'Macebearer' in traditional costume rings a bell and calls out the weight. What happens next depends on whether or not the mayor is found to have lost or gained weight! If the Macebearer adds the words 'and no more!' the crowd cheers as a sign of their appreciation and gratitude for hard work done for the local community because the mayor's weight loss is due to his or her working hard. But if they are found to have put on weight, which the Macebearer announces by shouting '*and some more!*', the mayor can expect some friendly booing. It could be worse… In the past, a mayor found to have put on weight might have been pelted with rotten fruit and vegetables! This unusual annual tradition was first introduced in 1678. While it is now just a symbolic act, it was once used to (literally) get the measure of corruption in the town. Weighing the mayor every year allowed the people of High Wycombe to check if the mayor was 'getting fat' from the taxes they were paying!

He threatened Fine, Imprisonment,
  "The Stocks," he even said,
"Would be the fate of him who brought
  This Law upon his head."

Would you believe! this awful man
  Whose name is Jacob Popp,
Just laughed at him, and Sunday n-
  Was serving in his shop.

Cartoon (one of a set of six) chronicling Jacob Popp's fight with the local council over Sunday trading Reproduced by permission of the Centre for Buckinghamshire Studies

The poetic protest of Jacob Popp

What led to a Buckinghamshire shopkeeper hitting the international news in the early 1900s? It was all thanks to a very public protest against the trading laws of the time. JACOB POPP probably never imagined that his fight to open his shop on a Sunday would gain so much public attention. The shopkeeper from High Wycombe made the decision to continue to sell tobacco and confectionery on a Sunday, in direct conflict with the Sunday trading laws, achieving no fewer than 325 police summonses as a result – over a period of eight years! On receiving his first summons in 1902, he promptly put it up in his shop window! Clearly undaunted by the whole thing, Popp also produced and sold a set of entertaining postcards telling the full story of his fight, along with some vivid illustrations! Popp soon gained a standing as something of a martyr, with supporters showing they were behind him by (how else?) visiting his shop and spending money there on a Sunday!

He threatened Fine, Imprisonment,
'The Stocks' he even said,
'Would be the fate of him who brought
This Law upon his head.'
Would you believe: this awful man
Whose name is Jacob Popp
Just laughed at him and Sunday next
Was serving in his shop.

A writers' paradise?

When you explore the county of Buckinghamshire, you will soon discover a landscape and a history populated with poets, humorists and scribes of all kinds. From the Chilterns to the tiniest village, you don't have to look far to find an association with some of most notable writers in history, and thinkers who have influenced the world well beyond Buckinghamshire.

Mary and Percy Shelley

Marlow in Buckinghamshire is closely associated with one of the most famous couples in literary history. The lives of MARY and PERCY SHELLEY were almost as unusual and unconventional as their literary works. Percy Shelley – already a well-known novelist and poet – was living on Marlow's West Street when he met Mary.

Percy Bysshe Shelley iStock

The attraction between them was so strong that they eloped, despite the fact that Percy was married at the time... But this kind of behaviour wasn't much of a surprise coming from Shelley. He was the man, after all, who had been expelled from Oxford University after refusing to own up to writing what was considered to be a highly controversial student essay. Not only that, but he had already eloped with his first wife, HARRIET WESTBROOK. Now, on meeting MARY WOLLSTONECRAFT GODWIN, the daughter of a high-profile reformer and an important early feminist writer, he decided to run off to Europe. Their life abroad was based around Italy and Switzerland, associating with other radical writers who were also considered scandalous at the time.

It was while they were living in Geneva that the Shelleys had a contest with their friend Lord Byron to write a ghost story. Mary was the only one to actually finish hers and it was this story that eventually went on to be published as *Frankenstein: or The Modern Prometheus*. Following the suicide of Shelley's first wife, the couple moved back to Marlow. It was there that Mary was able to finish writing Frankenstein and Shelley enhanced his literary reputation, producing two radical political tracts under the pen name THE HERMIT OF MARLOW. It is said that Percy was very fond of Marlow, especially the walk to Medmenham Abbey. During the winter months, you could have spotted him strolling around Marlow in a full-length brown coat with lambswool collar and cuffs. He was even more unconventional during the summer months, wearing an open-necked shirt with no cravat, at a time when cravats were an essential part of a respectable gentleman's everyday wear!

Despite Percy's fondness for Marlow, the couple left for Italy in 1818 to escape their creditors. It was in Italy that Percy drowned aged 29, in a storm off the coast. Mary then focused on her writing although sadly she didn't live to a ripe old age either. Her novel *Frankenstein* outlived her and (appropriately enough considering the themes of the book) has taken on a life of its own, being featured in films, musicals and other areas of popular culture. At the time of writing, the couple's former home in Marlow is up for sale.

Marlow church iStock

Jerome K. Jerome

Marlow is also associated with JEROME KLAPKA JEROME. Known to readers the world over as Jerome K. Jerome, he is the author of *Three Men in a Boat (To Say Nothing of the Dog)*, published in 1889 and now considered a classic. The book tells the story of a two-week boating holiday on the Thames from Kingston to Oxford and back again. Despite the fact that the book was intended to be a straightforward guide, the comedy in it won out. Jerome lived for some time in Marlow and both it and other areas of Buckinghamshire feature in the book. Jerome described Marlow as *'one of the pleasantest river centres I know of. It is a bustling lively little town … there are many quaint nooks and corners to be found in it.'*

John Milton

If you think Milton Keynes is the only Milton associated with Buckinghamshire, it's time to think again. Yet another famous literary figure closely associated with Buckinghamshire is the poet and parliamentarian, JOHN MILTON. It was in his sixteenth-century cottage in Chalfont St Giles in Buckinghamshire that he

John Milton iStock

completed *Paradise Lost*, and the idea of *Paradise Regained* was put to him. Milton's desire to escape the dangers of plague-ridden London first drove him and his wife to move to Buckinghamshire. While he only lived at the cottage for a year, it is important for two reasons: first because it is the only home of the writer which survives, and secondly because it is there that he completed *Paradise Lost*, which established him as a leading poet.

Milton was often seen to be equal or superior to all other English poets – including SHAKESPEARE! *Paradise Lost* is even more incredible an achievement when you consider that Milton was blind when he wrote it, crafting the lines in his head at night and dictating them from memory the next morning. His life and works have had more commentary written on them than on any author except Shakespeare! Following its publication in 1667, *Paradise Lost* enjoyed instant fame. But it wasn't only *Paradise Lost* which created Milton's long-standing reputation. His other works, including *Paradise Regained* and *Samson Agonistes*, also built his profile as a poet of note.

Milton was even more than a great poet. He was an important prose writer too. In his prose works, Milton pushed for the execution of CHARLES I and addressed other key issues of the day. His political philosophy is said to have influenced civil wars and even the American and French revolutions.

Today, you can visit the cottage in Chalfont St Giles as it is now a museum dedicated to Milton and his work and you can view what is the *'the most extensive collection in the world on open display of 17th-century first editions of John Milton's works, both poetry and prose'*. Milton's cottage garden is also open to the public and features many of the plants mentioned in his poetry. It is also the only cottage garden in the Chilterns listed by English Heritage as a Grade II Registered Historic Garden.

Thomas Gray

Writer, scholar and almost-Poet Laureate, THOMAS GRAY is famous for a number of reasons. But it is his poem associated with a churchyard in Buckinghamshire which earned him his place in literary culture. Gray's *Elegy in a Country Churchyard* is one of the best-known poems in English literature and is thought to have been inspired by the graveyard of St Giles parish church in Stoke Poges in Buckinghamshire. The connection was with Gray's mother and aunt, who both lived in the village. But while Gray started the poem there, it actually took several years for him to complete. The long wait was worthwhile because the poem received a huge public response. Gray himself was surprised by the acclaim.

The parish church and churchyard, and Gray's Monument
Reproduced by permission of the Centre for Buckinghamshire Studies

All this fame could be seen as somewhat ironic considering that Gray was actually one of the less productive poets in English literature, with his collected works published during his lifetime amounting to fewer than 1,000 lines! This is thought to be due to his lack of confidence in his own talents. When he was offered the role of Poet Laureate, he turned it down. Despite Gray's self-doubt, *Elegy* is still said to be one of the most popular and most frequently quoted poems in the English language. You may recognise many phrases from the poem as it often features in the works of other authors, or even as part of our everyday language. The churchyard is also believed to be where Gray wrote his poem, *Ode on a Distant Prospect of Eton College*. Given this history, it seems highly appropriate that the poet and his mother are buried in the churchyard. John Penn of Stoke built a large monument displaying the *Elegy* in Gray's Field, which is close by. It is interesting to note that churches in other areas have claimed that it is they that inspired Gray's *Elegy!* Stoke Poges is also mentioned in ALDOUS HUXLEY's novel *Brave New World*.

> *Full many a gem of purest ray serene*
> *The dark unfathom'd caves of ocean bear:*
> *Full many a flower is born to blush unseen,*
> *And waste its sweetness on the desert air.*

From *Elegy in a Country Churchyard* by THOMAS GRAY

Roald Dahl

No child's bookshelf would be complete without at least one of ROALD DAHL's books. Enthralling, dark and astonishingly creative, Dahl's works, whether they're his children's books or his short stories for adults, have earned an important standing in literature. Many of them were inspired by and written in Buckinghamshire, being dreamt up and crafted in Dahl's garden shed in the picturesque village of Great Missenden, where he lived for 36 years! This British novelist, short-story writer, poet, screenwriter and fighter pilot created many, many books which have brought joy to generations of adults and children alike. Whether it is *Charlie and the Chocolate Factory*, *The BFG*, *James and the Giant Peach*, *Matilda*, *Fantastic Mr Fox* or *The Twits*, Dahl found Buckinghamshire to be the ideal place to bring his brilliant ideas to life. He based a lot of his stories in or around his home village of Great Missenden and you can follow a trail around places associated with his books, from the house that was the inspiration for Sophie's orphanage in *The BFG* to Matilda's library! You can occasionally take a look around the garden of Roald Dahl's former home through the National Gardens Scheme and even see the greenhouse containing the original 'giant' peaches and more! You can also visit the award-winning Roald Dahl Museum and Story Centre in Great Missenden.

A literary pedigree

The list of writers inspired by 'leafy Bucks' goes on and on! Marlow wasn't just a home to Mary and Percy Shelley. They were actually drawn to live there thanks to their friend, the writer THOMAS LOVE PEACOCK, who was already residing in the town. Shelley and Peacock met in 1812. It is said that the period during which Peacock stayed in Great Marlow near the Shelleys in 1817 was of great importance to his growth as a writer. In fact, it is believed that many of the theories behind the conversations in his works were inspired by the interactions of Shelley and his friends. Conversely, Shelley's Defence of Poetry was inspired by Peacock's essay *The Four Ages of Poetry*.

As well as being an important location for the Shelleys and for Thomas Love Peacock, Marlow was also home to one of the twentieth century's major poets, T.S. ELIOT. Eliot and his wife set up home in 31 West Street in Marlow in 1917. Before his standing as a poet was fully established, Eliot actually taught for a term (mercifully short because he apparently hated teaching) at the Royal Grammar School in High Wycombe. It has been unkindly suggested that it was his time at the school which inspired his poem *The Waste Land!* Eliot taught in Room 26 in the Main Block and it is still used for English teaching to this day. You can still visit the Eliots' former home too, but only in its current form as a restaurant!

Beaconsfield

The list goes on... Beaconsfield is another area of Buckinghamshire that seems to have provided a home for an inordinate number of writers of all kinds of genres! Perhaps most famously it was home to ENID BLYTON. The author spent the majority of her life in her home, Green Hedges. While the house has now been demolished, you can visit the Enid Blyton Room at The Red Lion pub in Knotty Green. You can also see a model of Blyton's house at Bekonscot Model Village!

Another children's writer who made her home in Beaconsfield during the Second World War was ALISON UTTLEY, the creator of the beloved *Little Grey Rabbit* and other characters and stories. SIR TERRY PRATCHETT, the writer who has delighted millions with his series of *Discworld* books, was also born and brought up in Beaconsfield, as was the author and non-fiction writer, PIERS PAUL READ.

Flora Thompson

Buckinghamshire is recognised for having an important influence on yet another important writer. FLORA THOMPSON is well known as the writer of *Lark Rise to Candleford*, the semi-autobiographical and well-loved trilogy. One of the books, *Candleford*, evokes life as a girl growing up in the countryside of Oxfordshire and Buckinghamshire in the late nineteenth century. Flora Thompson based her books around people and villages from real life and was open about the fact that 'Candleford' was based on Buckingham, Brackley and Banbury! No wonder when the writer enjoyed many visits to Buckingham to see her father's relatives, the Timms family, who had long-standing links with the town. It's interesting to note that, despite Thompson's place in English literature, her work was only published in the last ten years of her life. You can visit a permanent exhibition about Flora Thompson's life and work at Buckingham Old Gaol Museum, themed as 'The Home of Flora Thompson'.

William Shakespeare

Such is Buckinghamshire's literary track record that it even features the Bard himself! Although SHAKESPEARE was not born in Buckinghamshire and did not live in the county, it is thought that an inn in Grendon Underwood inspired him to write *A Midsummer Night's Dream!* Now a farmhouse called Shakespeare's Farm, the inn was located on the road which ran between Stratford and London. It is believed that Shakespeare visited the area several times and stayed at the inn.

What was 'Stephening'?

An ancient custom existed in the parish of Drayton Beauchamp, called Stephening, a brief notice of which may not only be amusing, but may elicit some evidence as to its origin, which at present is totally unknown in the neighbourhood. On St Stephen's Day all the inhabitants used to pay a visit to the Rectory, and there assert their right to partake of as much bread and cheese and ale as they chose at the Rector's expense. On one of these occasions, as tradition states, the then Rector, being a penurious old bachelor, determined to put a stop, if possible, to this rather expensive visit from his parishioners. Accordingly, when St Stephen's Day arrived, he ordered his housekeeper not to open the window-shutters or unlock the doors of his house, and to be perfectly silent and motionless whenever any person was heard approaching.

At the usual time, the parishioners began to cluster about the house. They knocked first at one door, then at the other, then tried to open them, and on finding them fastened, called aloud for admittance. No voice replied; no movement was heard within. 'Surely the Rector and his housekeeper must be both dead!' exclaimed several voices at once, and a general awe pervaded the whole group. Eyes were then applied to the key-holes, and to every crevice in the window-shutters, when the Rector was seen beckoning to his old terrified housekeeper to be still and silent. A simultaneous shout convinced him that his design was understood. Still he consoled himself with the hope that his larder and cellar were secure, as the house could not be entered. But his hope was speedily dissipated. Ladders were reared against the roof, tiles hastily thrown off, half a dozen sturdy young men entered, rushed down the stairs, and threw open both the outer doors. In a trice a hundred or two unwelcome visitors rushed into the house, and began unceremoniously to help themselves to such fare as the larder and cellar afforded; for no special stores having been provided for the occasion, there was not, of course, half enough bread and cheese for such a multitude. To the Rector and his housekeeper that festival was converted into the most rigid Fast-day they had ever observed. After this signal triumph, the parishioners of Drayton regularly exercised their ' privilege of Stephening' till the incumbency of the Rev. Basil Woodd, who was presented to the Living A.D. 1808.

Finding that the custom gave rise to much rioting and drunkenness he discontinued it, and distributed instead an annual sum of money in proportion to the number of claimants. But as the population of the parish very greatly increased, and not considering himself bound to continue the practice, he was induced about A.D. 1827 to withhold his annual payments. For some time after, however, the people used to go to the Rectory for the Stephening-money, but were always refused.

In the year 1834, the Commissioners 'appointed to inquire concerning Charities' made an investigation into this custom, and several of the inhabitants of Drayton gave evidence on the occasion; but nothing was elicited to show its origin or duration, nor was any evidence produced

Drayton Beauchamp Church, Tring. 1904.6
Photo. C. A. Howlett, Tring.

Drayton Beauchamp Church, the view from the South East, c1904
From the Buckinghamshire County Museum collections

to prove that the Rector was legally bound to comply with such a demand. Some of the present inhabitants have been heard to regret the loss of their 'privilege', and say that they have heard their fathers and grand-fathers assert that the custom had continued

As long as the sun had shone
And the waters had run;

and that it was never to be discontinued while things retained their natural properties.

Excerpt from Records of *Buckinghamshire, Or, Papers and Notes on the History, Antiquities and Architecture of the County*, published by Buckinghamshire Archaeological Society, 1858

Industry in Buckinghamshire

Over the years, the name of Buckinghamshire has been closely associated with some important industries. While job roles such as plaiter, lace maker and bodger are not in demand nowadays, they were once essential to the livelihoods of many people in the county. These industries were unusual in that some of them involved whole families working together. Such was Buckinghamshire's heritage that, in some of these industries, the workers were fighting for their rights a lot longer ago than you might imagine!

Ivinghoe, Sarah Jane Cock straw plaiting. 1920's/1930's
From the Buckinghamshire County Museum collections

Straw plaiting

While it may seem unlikely now, there was once a huge demand for straw plaiting and Buckinghamshire was the centre of this industry for most of the nineteenth century. The straw-plaiting industry was based on the fashion for wearing straw bonnets and hats. It is thought that straw plaiting started in the county in around the second half of the seventeenth century. The industry was so strong that workers were confident enough as far back as 1689 to make a protest against proposed new laws which would mean that people would have to wear woollen hats at certain times of the year, therefore affecting their industry! This would not be the last time that the straw plaiters of Buckinghamshire would unite to protest against changes that could threaten their livelihoods.

But what did straw plaiting actually involve? It all started with the straw being bought from a farmer and being put into bundles of sizes of up to 112 pounds! It was after the straw had been bleached or dyed and then graded that it would be sold to plaiters for them to do their work. This would involve preparing split straws using a special instrument, then putting them through a mangle. It was at this point that the straws were braided to create the woven strip which was featured in hats and baskets. Women and children did most of the work, but in some areas whole families were involved in the industry. They learned their skills in 'plait schools' which could be attended by 'pupils' from the tender age of three! These were usually run by local women and the education often continued on into the evening after a full day's work!

Paper

Can you imagine a world without paper? Even with advances in technology, paper is still a vital material that helps us to communicate, share information and read books like this one! Buckinghamshire is a big part of the history of paper and it's a track record which goes as far back as the seventeenth century, when paper mills were set up in the county. Paper making soon became one of the county's biggest industries and one of its most important employers. But what did the job actually involve?

As you can imagine, life in a paper mill was tough and the work was often done by young children. Their role was to pull rags apart, removing any buttons or other attachments. These would then go into a rag boiler before being crushed and soaked in water. This 'stuff', as it was known at this stage, would then be poured into moulds and laid down, dried, pressed and either glazed or left unglazed. As with most industries, the companies were keen to make the process more efficient and introduced a machine to achieve just that: the Fourdrinier. The workers were not happy about this threat to their livelihoods and rioted in 1830. They broke machines in Loudwater, Ash and Marsh Green. Twenty men were punished by transportation to Tasmania, though this fate was (arguably) an improvement on the original sentence of death. Another interesting fact about this industry is that the rags from which paper was made were blamed for an outbreak of the plague in 1631.

Lace

Lace was another industry for which Buckinghamshire was well known. The delicate art of lacemaking was originally brought to England by Huguenots fleeing from Belgium during the sixteenth century, though some say that lacemaking using bones was actually around many years before this. Like straw plaiting, lace making was very much a cottage industry. The majority of lace made in the county was 'straight lace' and North Buckinghamshire had the most established heritage of lace making in the county. Bucks Point is a particular style of lace which is described as an old style of lace and very finely detailed, with a hexagon ground and a heavy thread worked through for contrast. Because it is seen as being very similar to the French Lille style of lace, it is often called English Lille. In the eighteenth century, Bucks Lace was often used as decoration for necklines or as an additional decorative layer over skirts. Buckinghamshire was so well known for its lace makers that Shakespeare wrote in Twelfth Night of 'The spinsters and the knitters in the sun and the free maids that weave their threads with bones.'

Different villages created their own characteristic styles and patterns. For example, Stony Stratford's best-known pattern was the Butterfly. The Buckinghamshire village most famous for its lace was Olney.

A history of bodging

To most of us, 'bodging' sounds like a bad thing, but not when you're from Buckinghamshire. The county has a proud history of bodging! Bodgers were skilled wood-turners who worked in temporary structures in beech woods in the Chilterns. They built a wooden structure to work under and used a foot-powered pole lathe to do their job. Their role was to produce legs, stretchers and rungs from green timber for the local Windsor chair industry which was based in High Wycombe.

High Wycombe was well known for its furniture-making industry. It's a craft which goes back more than 500 years. Bodgers purchased their wood at auction while it was still growing to ensure that the timber was green. They then had to cut down their trees within 12 months and created their spindles using pole lathes, taking their work to High Wycombe's chair factories. It's interesting to note that the word 'bodging' continued to be local to High Wycombe until a revival of the skill led to other furniture makers further afield referring to themselves as bodgers too! By the start of the twentieth century, you would have seen around 30 bodgers around High Wycombe. Bodgers also added to their livelihood by selling the waste from their bodging as kindling or as material for woven baskets. Bodgers helped improve life for many people. Their ability to produce spindles cheaply and sustainably made the Windsor chair affordable, replacing less comfortable wooden benches and stools.

Bodging on Hampden Estate - men in bodgers' huts, c1908

From the Buckinghamshire County Museum collections

Unusual Buckinghamshire place names

GREAT HORWOOD

HOGSTY END (NOW RENAMED WOBURN SANDS)

LITTLE HORWOOD

NUP END

SHINGAY CUM WENDY

SWAN BOTTOM

THE BUSH

WEEDON

All about Aylesbury

Aylesbury is Buckinghamshire's county town. Did you know that its name comes from an Old English word? It used to be called *Æglesburgh*, which means the Fort of *Ægel*. Another interesting fact about Aylesbury is that it was one of the most important bases of the Ancient Britons. The town also has a strong association with William the Conqueror because he owned land in the area. He made the most of this to exert his power. When he visited the town, locals were expected to offer up the best of their produce for him to enjoy. In fact, the tenure was granted on the condition that the owners 'should provide straw for the monarch's bed, sweet herbs for his chamber, and two green geese and three eels for his table, whenever he should visit Aylesbury'.

Baron Rothschild lays the foundation of the public baths in Bourbon Street in 1894 From the Buckinghamshire County Museum collections

If you ask who is regarded as a hero in Aylesbury, the answer will be John Hampden. He was the English politician who took the lead in challenging Charles I as the country approached the English Civil War. Look out for a statue celebrating Hampden's achievements in the centre of Aylesbury and for his silhouette on the crest of Aylesbury Vale District Council. Another name closely associated with Aylesbury and also with Hampden is that of Rutland

Boughton. He was a composer who was born in Aylesbury in 1878. Hampden is thought to be the inspiration behind Boughton's first symphony, Oliver Cromwell.

A brief look at Buckingham

Florence Nightingale iStock

Buckingham was fortunate enough to benefit from mains drainage, a water supply, electricity and a hospital all before 1900! This is thought to be because of its link with FLORENCE NIGHTINGALE, who spent her later years at Claydon House in Middle Claydon. SIR HARRY VERNEY, who owned Claydon House, married Florence's sister. Sir Harry became involved with offering advice on hospitals and nurse training and gave Florence space at the house to work and connect with influential people. She worked with DR GEORGE DE'ATH of Buckingham and the two earned the title of 'Health Missioners', setting up Royal Buckinghamshire Hospital, which was pioneering for its time.

Did you know that the building which is now the home of Stowe School in Buckingham was once rented out to the Comte de Paris, an exiled claimant to the French throne? The story goes that the Comte said that the reason he liked Stowe so much was because it reminded him of Versailles. He was so much part of the local area that signs in French were put up at Buckingham station to guide his visitors! Another wonderful story says that, until recently, a Buckingham garage, due to its patronage by this royal clientele, used to state proudly on its letterhead: 'Suppliers of Motor Cars to the Court of France'!

Stowe house iStock

A word about the Chilterns

Did you know that more than one third of Buckinghamshire is covered by the Chiltern Hills? The Chilterns are a nationally protected area containing some of the loveliest countryside in the UK. They also feature a huge range of natural habitats, from beech woods to chalk grassland, with areas protected under EU legislation as Special Areas of Conservation. The Chilterns are also packed with prehistory with important features such as Icknield Way and the Grim's Ditch dyke.

Chilterns village iStock

Milton Keynes

Milton Keynes has a variety of claims to fame. Just one of them is that scenes for the film *Superman IV* were filmed there. Remember the scene where Superman made his speech in the United Nations building? This was actually filmed in the town's railway station! Milton Keynes is also known for being the home of Bletchley Park, which was responsible for code breaking during World War

II. Bletchley Park is also celebrated for sparking the computer age and making it possible for the D-Day landings to happen! An engineer based there called TOMMY FLOWERS developed a code-breaking machine, THE COLOSSUS. This 'proto-computer' is a big part of the reason that, even today, companies such as Apple and Google acknowledge the invaluable contribution of Bletchley Park. These days, you can visit the Park as a museum and see some of the incredible technology and its world-changing work for yourself.

Amy Johnson iStock

Princes Risborough

A small town in Buckinghamshire has a link with a pioneering aviator. AMY JOHNSON once lived in Princes Risborough. She was the first woman to fly solo to Australia and a record-breaking aviator. You can still see the cottage where Amy lived to this day. Now called Monks Staithe, the seventeenth-century half-timbered house was once the vicarage.

World War II code-breaking machine iStock

Midsomer mayhem

If you're a fan of the TV series *Midsomer Murders*, you'll probably know Aylesbury well even if you've never been, because that is where much of the programme is filmed, along with the Chilterns! You can even follow a Midsomer Murders trail around Buckinghamshire by car!

A model world

Did you know that Buckinghamshire is the home of the oldest model village on earth? Bekonscot Model Village in Beaconsfield was the inspiration for Enid Blyton to write about Toytown, the land of Noddy! Blyton, a resident of Beaconsfield, also made the model village the setting of her short story The Enchanted Village. Bekonscot was featured in Will Self's short story, *Scale*, too. Not surprisingly, the village is also believed to have inspired Mary Norton's *Borrowers* books.

The miniature village didn't start out with such grand aims. It was first created following a final ultimatum from an accountant's wife that he move his model train out of their home! This growing hobby ended up opening to the public in 1929. Since 1978, the village has been run by the Church Army and so far has raised the equivalent of almost

£5,000,000 for charity. No wonder, considering it's been enjoyed by more than 14,000,000 visitors!

Bekonscot is recognised as an inspiration for lots of other miniature worlds across the country and further afield, from Southport to Bourton-on-the-Water! If you're a fan of a daft pun or two, you'll certainly find plenty to enjoy at Bekonscot, whether it is the Mark Owney Wireless and Gramophone Stores ('Marconi') or Sam and Ella's Butchers ('salmonella').

Bekonscot Model Village, Beaconsfield Robert Linsdell

A chequered history

Buckinghamshire is packed full of history. No more so than as the location of Chequers, which has been the country residence of British prime ministers all the way back to 1917. Its history is even richer still. Chequers, which is near Ellesborough, was once used as a prison for the younger sister of LADY JANE GREY. Not only that, but it also has connections with the family of OLIVER CROMWELL.

Chequers Court, front elevation across lawn c1944
From the Buckinghamshire County Museum collections

Hellfire in Buckinghamshire

It may be idyllic today, but Medmenham Abbey near High Wycombe was once a name associated with all sorts of dubious activities. It used to be owned by the former CHANCELLOR FRANCIS DASHWOOD, who formed the secret society called The Hellfire Club. He put dramatic statues all around the grounds and also had caves excavated on the site to protect his group's activities from public scrutiny!

James Bond in Bucks

The Stoke Park Golf Club in Stoke Poges has been featured in two JAMES BOND movies, *Goldfinger* and *Tomorrow Never Dies!* It is thought that the famous duel between James Bond and Goldfinger is still considered to be the most famous game of golf in cinematic history. But that's not the club's only claim to fame. You may also recognise it from scenes in *Bridget Jones's Diary* and *Layer Cake*, among other films.

Available now

Black Country Dialect

Bristol Dialect

Cockney Dialect

Cornish Dialect

Derbyshire Dialect

Devon Dialect

Dorset Dialect

Essex Dialect

Evolving English WordBank

Glaswegian Dialect

Gloucestershire Dialect

Hampshire Dialect

Kent Dialect

Lancashire Dialect

Leicestershire Dialect

Liverpool Dialect

Manchester Dialect

Newcastle upon Tyne Dialect

Norfolk Dialect

Nottinghamshire Dialect

Scottish Dialects

Somerset Dialect

Sussex Dialect

The Lake District Dialect

Warwickshire Dialect

Wiltshire Dialect

Yorkshire Dialect

Coming in 2016

Co Durham Dialect

Wenglish Dialect

See website for more details: bradwellbooks.com

Sources

http://mayorofwycombe.co.uk/mayor-making/

http://calendarcustoms.com/articles/weighing-the-mayor/

http://mayorofwycombe.com/history-and-traditions/history-of-wycombes-swan/#sthash.WnJuaCKC.dpuf

http://met.open.ac.uk/genuki/big/eng/BKM/Buckingham/index.html

www.getbucks.co.uk/news/local-news/poet-miltons-cottage-top-bucks-5702230

www.antipope.org/feorag/wells/hope/buckinghamshire.html

www.schorneteam.co.uk/

https://insearchofholywellsandhealingsprings.wordpress.com/2015/01/19/the-original-jack-in-the-box-sir-john-shornes-well-north-marston-buckinghamshire/

www.english-for-students.com/Cock-and-Bull.html

www.telegraph.co.uk/news/9052562/Neutral-accents-the-best-if-you-want-to-get-ahead.html – Home counties

www.telegraph.co.uk/finance/property/counties-of-britain/3349780/Counties-of-Britain-Buckinghamshire-by-Sir-John-Mortimer.html

www.bbc.co.uk/voices/yourvoice/feature1_2.shtml

www.buckingham.ac.uk/about/history/town

www.chilternvoice.co.uk/2012/08/16/know-anyone-who-speaks-with-a-bucks-accent/

www.bbc.co.uk/voices/yourvoice/feature1_2.shtml

http://www.anglotopia.net/ultimate-list-of-funny-british-place-names/

www.telegraph.co.uk/finance/property/counties-of-britain/3349780/Counties-of-Britain-Buckinghamshire-by-Sir-John-Mortimer.html

www.bbc.co.uk/threecounties/content/articles/2005/01/14/voices_kerswill_feature.shtml

http://paperspast.natlib.govt.nz/cgi-bin/paperspast?a=d&d=AS19080411.2.145

www.buckspoint.f2s.com/lace.htm